राजलनीति

स्ट्रेस मैनेजमेंट

(चिंतामुक्त रहें, खुश रहें)

AF766319

राजल गुप्ता

डायमंड बुक्स

www.diamondbook.in

प्रकाशक : डायमंड पॉकेट बुक्स (प्रा.) लि.
X-30 ओखला इंडस्ट्रियल एरिया, फेज-II
नई दिल्ली-110020
फोन : 011-40712200
ई-मेल : sales@dpb.in
वेबसाइट : www.diamondbook.in
संस्करण : 2022
मुद्रक : आदर्श प्रिंटर्स, शाहदरा, दिल्ली-110032

Rajal Neeti Stressmanagement
(Chintamukt Rahein, Khush Rahein)
By : *Rajal Gupta*

समर्पण

'यह पुस्तक समर्पित है उन सभी पाठकों को जिन्होंने राजलनीति टाइम मैनेजमेंट को बेस्टसेलर बनाया, आपके प्यार के लिए मैं सदैव आपका ऋणी रहूंगा।'

चिंता से होने वाली तबाही के आंकड़े

- विश्व में लगभग 79.20 करोड़ लोग मानसिक रोगों से परेशान हैं।
- विश्व में लगभग 26.40 करोड़ लोग डिप्रेशन के शिकार हैं।
- विश्व में प्रतिवर्ष लगभग 800,000 लोग आत्महत्या कर लेते हैं।
- विश्व में लगभग 10.70 करोड़ लोग अल्कोहल यूज डिजऑर्डर के शिकार हैं।
- विश्व में लगभग 7.10 करोड़ लोग ड्रग यूज डिजऑर्डर के शिकार हैं।

विषय सूची

खण्ड-2
विभिन्न क्षेत्रों में स्ट्रेस मैनेजमेंट

प्रस्तावना

वर्ष 2017 में जब मैंने अपनी दूसरी किताब लिखने की योजना बनाई तो मेरे मन में सिर्फ एक ही विचार था कि ऐसा कौन-सा विषय चुनूँ जिसकी जरूरत सभी को है और जो सभी के काम आए। काफी सोच विचार करने पर मुझे एक विषय मिला जो ज्यादातर लोगों के जीवन में समस्याएं उत्पन्न कर रहा था और वह विषय था समय का प्रबंधन।

वर्तमान दौर में लोगों के जीवन में काम की मात्रा बढ़ती जा रही है पर उस काम को करने का समय तो हमारे पास सीमित है और इसी को ध्यान में रखते हुए मैंने समय प्रबंधन के विषय का गहन अध्ययन किया, इसके अध्ययन में सैकड़ों-हजारों घंटो का निवेश किया और अपनी किताब राजलनीति टाइम मैनेजमेंट पूरी की।

मुझे लगता है कि मेरा सैकड़ों-हजारों घंटों का निवेश कारगर रहा क्योंकि आपके (पाठकों) के लिए यह पुस्तक बहुत उपयोगी साबित हुई और आपने इसे बेस्टसेलर बना दिया, साथ ही साथ आपने मुझे टाइम मैनेजमेंट विषय पर अब तक किसी भी भारतीय लेखक के द्वारा सबसे अधिक भाषाओं में अनुवाद की जाने वाली पुस्तक का गौरव भी प्रदान किया। आपका आभार व्यक्त करने के लिए मेरे पास पर्याप्त शब्द नहीं है।

वर्ष 2022 में जब मुझे राजलनीति श्रृंखला की अगली किताब लिखनी है तब भी मेरे मन में यही प्रश्न है कि मैं ऐसा कौन सा विषय चुनूँ जिसकी जरूरत वर्तमान समय में सभी को है और जो सभी के काम आए।

पिछले 2 सालों में पूरे संसार में जबरदस्त परिवर्तन हुए। कोरोना नामक महामारी ने पूरे संसार को हिला कर रख दिया है। इस दौर में हमने जिन चीजों की सपने में भी कल्पना नहीं की थी वो चीजें भी हमें इस दौर में देखने को मिली।

इन दो सालों में आप चाहे कोई भी क्षेत्र को लें व्यापार, शिक्षा, रियल एस्टेट, रोजगार इत्यादि सभी क्षेत्र से जुड़े लोग प्रभावित हुए। कुल मिलाकर आज के संसार में एक चीज जो सबसे अधिक बढ़ गई है और वह है चिंता/स्ट्रेस/तनाव। चिंता तो हमारे जीवन में पहले भी थी लेकिन इन दो सालों में यह चरम पर पहुंच गई है।

राजलनीति स्ट्रेस मैनेजमेंट में मैंने सरलतम भाषा में चिंता के कारण और निवारण दोनो पर चर्चा करने का प्रयास किया है ताकि आप अपनी चिंता को न्यूनतम करके एक अच्छे और बेहतर जीवन का आनंद ले सकें।

पुस्तक में आगे बढ़ने से पहले मैं आपसे जानना चाहूँगा जब किसी बच्चे को एग्जाम में 10 में से 9 अंक मिलते हैं तो आपके हिसाब से इस प्रदर्शन को कैसा कहा जाएगा? मुझे लगता है कि ज्यादातर लोग कहेंगे की इस प्रदर्शन को शानदार की श्रेणी में रखना चाहिए।

राजलनीति स्ट्रेस मैनेजमेंट को लिखने के लिए भी मुझे सैकड़ो-हजारों घंटे का समय इस विषय के अध्ययन करने में लगे और इस दौरान मेरा ध्यान एक रिसर्च पर गया जिसके अनुसार हम अपने जीवन में होने वाली लगभग 90 प्रतिशत चिंता को नियंत्रित कर सकते हैं और लगभग 10 प्रतिशत चिंता ऐसी हैं जो हमारे नियंत्रण में नहीं है। यानी कि हम भी जैसा उस बच्चे ने एग्जाम में प्रदर्शन किया, हम भी स्ट्रेस मैनेजमेंट में शानदार प्रदर्शन कर सकते हैं पर उसके लिए आवश्यकता यह होगी की हम राजलनीति स्ट्रेस मैनेजमेंट में बताए गए सिद्धांतों को सिर्फ एक बार पढ़े ही नहीं बल्कि अमल में भी लाएं।

मेरा सुझाव यह होगा की आप इस पुस्तक को केवल एक बार पढ़कर

न रखें बल्कि इसका अध्ययन नियमित अंतराल पर करते रहें क्योंकि जब आप किसी किताब को दोबारा पढ़ते हैं तो आपको उसमें कुछ ऐसा दिखता है जो आपको पिछली बार दिखाई नहीं दिया था। और हर बार जब आप किताब को दोबारा पढ़ेंगे तो आपको कुछ नया और उपयोगी मिलेगा।

राजलनीति स्ट्रेस मैनेजमेंट में बताए गए सिद्धांत काम करते हैं क्योंकि मैंने उन्हें स्वयं आजमाया है और लाभान्वित हुआ हूँ साथ ही साथ मैंने इस पुस्तक में चिंता के साथ अपने बहुत सारे अनुभव भी साझा किये हैं ताकि आप यह समझ सकें की चिंता सभी के जीवन में आती हैं, आपके भी और मेरे भी। पर यदि हम उनका समझदारी से प्रबंधन करें तो हम अपने चिंता को न्यूनतम और खुशियों को अधिकतम कर सकते हैं।

एक आदमी जो अपना वजन कम करने के उद्देश्य से एक एक्सरसाइज साइकिल खरीदने के लिए इसकी दुकान पर गया। उसने दुकानदार से पूछा कि इस साईकल से मेरा कितना वजन कम हो जाएगा, इस पर दुकानदार ने मुस्कुरा कर जवाब दिया 'आप जितना अधिक साईकल चलाएंगे उतना ही अधिक आपका वजन कम होगा'।

इस प्रस्तावना को अंत करते हुए मैं आपसे कहना चाहूंगा की जैसे उस वजन कम करने वाले व्यक्ति का वजन कम होना इस बात पर निर्भर है कि वह एक दिन नहीं बल्कि नियमित रूप से वह कितनी देर तक साईकल चलाता है उसी प्रकार आपका भी चिंता का प्रबंधन (चिंता को न्यूनतम और खुशियों को अधिकतम करना) इस बात पर निर्भर है कि आप राजलनीति स्ट्रेस मैनेजमेंट में बताए गए सिद्धांतों को कितनी बार पढ़ते हैं और कितनी बार अमल में लाते हैं।

राजलनीति स्ट्रेस मैनेजमेंट पुस्तक प्रारम्भ करने से पहले मैं कुछ खास लोगों का विशेष आभार करना चाहूँगा, डायमंड ग्रुप के आदरणीय चेयरमैन श्री नरेंद्र कुमार वर्मा जी का, उनसे सदैव मिलने वाला मार्गदर्शन और प्रोत्साहन मुझे निरंतर बेहतर प्रयास करने के लिए प्रेरित करता है, साथ ही साथ पाठकों का, राजलनीति स्ट्रेस मैनेजमेंट से जुड़ने और मेरी पुस्तकों में अपना प्यार और विश्वास सदैव बनाए रखने के लिए आपका हृदय की गहराइयों से आभार, ईश्वर से मैं आपके उज्ज्वल भविष्य की कामना करता हूँ।

स्व० राधेश्याम गुप्ता जी का पौत्र **'राजल'**

लेखक के बारे में...

राजल

शिक्षा :-

- B.COM [DIGVIJAY NATH POST GRADUATE COLLEGE (AFFILIATED TO DEEN DAYAL UPADHAYAY GORAKHPUR UNIVERSITY], GORAKHPUR)
- B.C.A (ALAGAPPA UNIVERSITY, KARAIKUDI, TAMINADU)
- A LEVEL (P.G.D.C.A.) NIELIT [FORMERLY DOEACC], NEW DELHI
- B LEVEL (M.C.A.) NIELIT (FORMERLY DOEACC, NEW DELHI)
- L.L.B. (ST.ANDREWS COLLEGE, GORAKHPUR)
- P.G.J.M.C. (JOURNALISM) [IGNOU, NEW DELHI]
- P.G.D.B.A. [HUMAN RESOURCE MANGEMENT] SYMBIOSIS CENTRE FOR DISTANCE LEARNING, PUNE
- C.S.S.P [NIELIT (FORMERLY DOEACC)]
- C.S.S.A [NIELIT (FORMERLY DOEACC)]

"राजल" बेस्ट सेलर लेखक व वक्ता हैं। उनकी पुस्तक राजलनीति टाइम मैनेजमेंट बेस्ट सेलर रही और टाइम मैनेजमेंट विषय पर किसी भी भारतीय लेखक की किताब का अनुवाद इतनी भाषाओं में नहीं हुआ जितनी की राजल द्वारा लिखित राजलनीति टाइम मैनेजमेंट का हुआ।

राजलनीति टाइम मैनेजमेंट को उत्तर प्रदेश के माननीय मुख्यमंत्री श्री योगी आदित्यनाथ जी द्वारा विमोचन व भारत के माननीय उपराष्ट्रपति श्री वेंकैया नायडू जी द्वारा शुभकामना संदेश प्राप्त करने का सौभाग्य मिला। राजलनीति श्रृंखला की एक अन्य पुस्तक को उत्तर प्रदेश के माननीय तत्कालीन राज्यपाल श्री राम नाईक जी द्वारा विमोचन का भी सौभाग्य मिला। राजलनीति-1 पुस्तक के पहले अध्याय 'बच्चे मुश्किल में हो तो माँ ही काम आती है' को इंटरनेट पर पाँच लाख से ज्यादा लोगों ने पढ़ा और सराहा।

राजल का जन्म एक व्यवसायी परिवार में हुआ था। उनके दादाजी स्व० राधेश्याम गुप्त शहर के एक अति सरल और सम्मानित व्यक्तियों में से एक थे। बचपन में सभी को लगता था कि राजल में किसी भी तरह की कोई प्रतिभा नहीं है क्योंकि जीवन के सभी क्षेत्रों में उनका प्रदर्शन बिल्कुल भी अच्छा नहीं था, इसलिए सभी को लगता था कि वे जीवन भर असफल रहेंगे। इसके बावजूद उनके दादाजी उनसे निःस्वार्थ भाव से प्रेम करते थे और सरल शब्दों में कहा जाए तो उनके दादाजी का प्यार उनकी सफलता और असफलता दोनों के ही समय एक जैसा रहता था और वे ही पहले इंसान थे जिन्होंने राजल को प्रेरित किया कि वे जीवन में कुछ कर सकते हैं। उनकी दी हुई प्रेरणा के कारण उन्होंने कक्षा 6 फेल से 9 डिग्री / सर्टिफिकेट की यात्रा तय की, लाखों लोगों की सहायता व मार्गदर्शन के माध्यम बने। आज वे अपनी सफलता का श्रेय अपने दादाजी स्व० राधेश्याम गुप्त जी को देते हैं। वे इसे अपना दुर्भाग्य मानते हैं कि उनकी इस सफलता को देखने के लिए उनके दादा जी इस दुनिया में नहीं हैं। पर वे मानते हैं कि उनके दादाजी जहां भी होंगे उनसे बहुत खुश होंगे क्योंकि उन्होंने जो आशाएँ राजल से रखी थीं राजल ने उसे काफी हद तक पूरा कर दिया है।

राजलनीति स्ट्रेस मैनेजमेंट पुस्तक से आप जानेंगे कि कैसे 'चिंता को न्यूनतम और खुशियों को अधिकतम करें।' इस संसार में ऐसा कोई भी व्यक्ति नहीं है जिसको चिंता न हो पर सफल और खुश वही लोग हैं जो अपने चिंता का बेहतर प्रबंधन करते हैं और जो लोग ऐसा नहीं कर पाते वे आजीवन दुखी और असफल रहते हैं। राजलनीति स्ट्रेस मैनेजमेंट पढ़िये और जानिए की सफल और खुश लोग किस तरह अपनी चिंता का प्रबंधन करते हैं और अपने जीवन का नियंत्रण अपने हाथ में लेकर जीवन के हर क्षेत्र में सफल हो जाते हैं।

राजलनीति स्ट्रेस मैनेजमेंट के माध्यम से जानें :

- क्यों कृतज्ञता की उम्मीद करने से आप पागल हो सकते हैं
- गुस्से के समय किन चीजों को करना समझदारी होगी
- कैसे एक परिस्थिति कुछ लोगों को टूटने पर मजबूर करती है और कुछ लोग उसी परिस्थिति में रिकार्ड तोड़ते हैं
- कैसे बेहतर कार्यशैली आपकी चिंता कम करती है
- चिंता ने मुझे क्या दिया और ये आपको क्या दे सकती है
- सबसे बड़ा रोग क्या कहेंगे लोग
- साथ ही साथ धन, आहार, व्यापार, काम, बच्चे, विद्यार्थी, लोग, पति-पत्नी इत्यादि विषय पर विशेष टिप्स

राजल ने अपने जीवन की शुरुआती दौर में ही बहुत स्ट्रेस झेला। जब वो जीवन के सभी क्षेत्रों में असफल थे। पढ़ाई में वो क्लास छठी फेल थे, स्कूल में लगातार मिल रही सजाओं और तानो के कारण उन्होंने पढ़ाई भी छोड़ने का निर्णय लिया था पर अपने दादाजी के प्रोत्साहन और बेहतर स्ट्रेस मैनेजमेंट के कारण उन्होंने 9 डिग्री/सर्टिफिकेट भी प्राप्त किए जिसमें L.L.B., PGJMC (JOURNALISM), PGDBA (MBA), B LEVEL (MCA) जैसी 4 प्रोफेशनल डिग्री भी शामिल है। राजलनीति स्ट्रेस मैनेजमेंट पुस्तक के माध्यम से वे अपने स्ट्रेस प्रबंधन से जुड़े वर्षों के कठिन शोध व मेहनत को आपके समक्ष रख रहे हैं।

राजल अपने उपयोगी और ज्ञानवर्धक विडीओस यूटूब इत्यादि साइटों पर नियमित रूप से डालते रहते हैं, आप राजल से ऑनलाइन भी जुड़ सकते हैं :

E-mail : rajalneeti@gmail.com
Website : www.rajalneeti.com
Youtube : www.youtube.com/rajalneeti
Instagram : www.instagram.com/rajalneeti
Facebook : www.facebook.com/therajal
Twitter : www.twitter.com/therajal

❖

अध्याय 1

जब तक जीवन है तक तक चिंताएँ भी हैं

"संसार में प्रत्येक व्यक्ति के जीवन में चिंताएँ हैं, आपकी चिंताएँ बहुत बड़ी हो सकती है पर इस संसार में कोई न कोई ऐसा है जिसकी चिंता और तकलीफें आपसे भी बहुत ज्यादा बड़ी हैं।" ***-जॉन हचरसन***

क्या आपने कभी महान लोगों की जीवनियाँ पढ़ी हैं, अगर नहीं तो जरूर पढ़ें। किसी के माता-पिता नहीं थे तो कोई शारीरिक रूप से अक्षम था तो कोई बहुत ही खराब आर्थिक स्थिति में जन्मा था। चीजें यहीं पे नहीं रुकती हैं कई ऐसे भी लोग थे जो बहुत ही अच्छे जीवन का आनंद ले रहे थे, तभी किसी ने उनके साथ धोखा किया और वे पूरी तरह से बर्बाद हो गए।

ऐसी बहुत सारी घटनाएँ हैं जो यह प्रमाणित करती हैं कि हम संसार के पहले व्यक्ति नहीं है जिसके जीवन में चिंताएँ हैं। अभी कुछ दिनों पहले मुझसे एक इंटरव्यू में पूछा गया कि आजकल युवा लोग बहुत ज्यादा निराश

हो जाते हैं और इस निराशा की वजह से वे कई गलत कदम भी उठा लेते हैं जिनमें आत्महत्या भी शामिल है इस पर आप क्या कहना चाहेंगे? मैंने उन्हें बताया कि आपकी बात सही है और ऐसी घटनाएँ तेजी से बढ़ रही हैं जो कि बहुत ही चिंताजनक है, हमारा जीवन ऐसा है कि आप चाहे कितने भी ज्यादा सफल हों या अपने काम में कितने भी ज्यादा माहिर हों, बीच-बीच में ऐसी समस्याएँ आती रहती हैं जो आपको हिलाकर रख देती हैं और जब ऐसी समस्याएँ आती हैं तो हम कई बार पूरी तरह से टूट जाते हैं पर महत्त्वपूर्ण यह है कि हम उस समस्या से जितनी जल्दी संभव हो उबरें क्योंकि हमारा जीवन सिर्फ हमारा नहीं है, कई और भी लोग हैं जो हमारी खुशियों को देखकर खुश होते हैं और हमें चिंतित देखकर वे भी चिंतित हो जाते हैं। इसलिए अपने लिए ना सही पर उन लोगों के लिए हमें संभलना होगा।

संसार में एकमात्र ऐसी जगह जहां आपको कोई चिंता नहीं मिलेगी वह है कब्रिस्तान क्योंकि वहाँ जीवन समाप्त हो चुका है और इससे यह स्पष्ट होता है कि जब तक जीवन है तब तक चिंताएँ भी हैं। मैं उदाहरण देना चाहूँगा एक ऐसे व्यक्ति का जिसने जीवन में हमेशा चिंताओं का सामना किया बहुत ही कम आयु में उनकी माताजी का स्वर्गवास हो गया बाद में उनकी प्रेमिका का भी स्वर्गवास हो गया। वे कई बार व्यापार में असफल रहे और वे बार-बार चुनाव हारे। आपको क्या लगता है कि इन निराशाओं का उन पर कोई असर नहीं हुआ, हुआ बहुत जबर्दस्त असर हुआ। वे जबर्दस्त डिप्रेशन और नर्वस ब्रेक डाउन के शिकार हो गए। वे और उनके परिवार के लोग डरते थे कि कहीं वे आत्महत्या ना कर लें इसलिए सभी धारदार वस्तुओं को उनसे दूर रखा जाता था। वे अपनी बीमारी से इतने ज्यादा थक चुके थे कि उन्होंने सोचा कि मैं अपने आपको काम में इतना ज्यादा झोंक दूंगा कि मेरे पास सोचने का खाली समय ही ना रहे और उन्होंने ऐसा ही किया। उन्होंने अपने आप को समाज और देश की सेवा में समर्पित कर दिया और अपने जीवन काल में इतने महान कार्य किए जिसने उन्हें संसार के महानतम व्यक्तियों में से एक बना दिया और वे 52 साल की उम्र में अमेरिका के राष्ट्रपति बने और उनका नाम था "अब्राहम लिंकन"

ये कहानी जानने के बाद अगर आप लोगों से पूछें की क्या वे राष्ट्रपति

बनना चाहेंगे। संभावनाएं ज्यादा है कि उनका जवाब "हाँ" ही होगा पर अगर आप उनसे यह पूछें की क्या आप भी उन कष्टों को उठाना चाहेंगे जो अब्राहम लिंकन ने उठाएँ, जैसे उनके माताजी और प्रेमिका का स्वर्गवास, व्यापार का बर्बाद होना, बार-बार चुनाव हारना और डिप्रेशन और नर्वस ब्रेक डाउन की समस्या इत्यादि तो शायद ही कोई "हाँ" कहें।

जिससे हम इस सरल निष्कर्ष पर पहुँच सकतें हैं कि लोग आपसे उपलब्धियों और सफलताओं को बदलना तो चाहेंगे पर आपकी चिंताओं को बिलकुल भी नहीं बदलना चाहेंगे (विशेष रूप से तब जब वे चिंताएँ काफी बड़ी हो)

स्ट्रेस मैनेजमेंट से जुड़ी अमल योग्य उपयोगी बातें :

- **यह जान लें कि आप संसार में अकेले नहीं हैं :** इस संसार में जो भी जीवित है सभी के साथ कुछ ना कुछ चिंताएँ हैं। महान लोगों का अगर आप अध्ययन करेंगे तो आप पाएंगे कि वे चिंताओं और तनावों के बावजूद वे कर्म करते रहे और अंततः सफल भी हुए।
- अगर उस समस्या का समाधान हो सकता है तो उसे हल करने में अपना सब कुछ झोंक दें, अगर समस्या का समाधान नहीं हो सकता तो उसके लिए ईश्वर से प्रार्थना करें।
- लोगों की जीवनियों का अध्ययन करने पर आप पाएंगे कि ऐसे लोग जिन्हें जीवन में गंभीर रूप से समस्या के बाद जीवनदान मिला उनका जीवन के प्रति पूरा नजरिया ही बदल गया। उन्होंने पाया कि पहले उनके जीवन में होने वाली समस्या अब कितनी छोटी लग रही थी और क्योंकि उन्हें जीवनदान मिला था इसलिए उन्होंने अपने जीवन को प्रभु का वरदान माना और कभी जीवन की समस्याओं पर दोबारा शिकायतें नहीं कीं।

❖

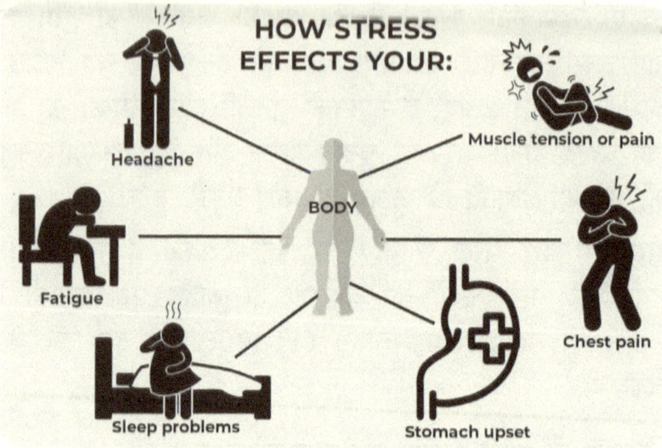

अध्याय 2

चिंता से होने वाले नुकसान

*"जो होना है वो होकर रहेगा, भले ही हम उसकी चिंता करें या न करें। - **एना मोनार**"*

जब एक प्रसिद्ध फिल्म अभिनेत्री की फिल्म पूरी तरह से फ्लॉप हो गयी इस पर एक पत्रकार ने उनकी प्रतिक्रिया जाननी चाही। फिल्म अभिनेत्री ने बताया कि उन्होंने अपनी ओर से पूरी मेहनत की थी पर दर्शकों को यह फिल्म पसंद नहीं आई। फिर पत्रकार ने पूछा कि इतनी मेहनत करने के बाद जब फिल्म इतनी बुरी तरह से फ्लॉप हो जाए तब आप बहुत ज्यादा चिंतित हो जाती होंगी। इस पर अभिनेत्री ने जवाब दिया कि 'फिल्म सफल होती है तो हमें खुशी होती है और हम यह मानते हैं कि हमारी मेहनत सफल रही पर जब फिल्में नहीं चलती तब भी मैं चिंता नहीं करती। फिल्म उद्योग में अभिनय तो मायने रखता ही है पर उतनी ही मायने आपकी सुंदरता भी रखती है। जब आप चिंतित होते हैं तो आपका चेहरा और आपकी सुंदरता भी प्रभावित होती है और इसका बुरा असर मेरे करियर पर पड़ सकता है इसलिए मैं कभी चिंता नहीं करती।" फिल्म अभिनेत्री का जवाब हम सभी

के लिए प्रेरणा है कि यदि हम अच्छा दिखना चाहते हैं तो हमें चिंतामुक्त रहना होगा।

पर वर्तमान समय में चिंता हमारे जीवन का हिस्सा हो गई है और इस चिंता भरी जीवनशैली में ऐसे कई रोग और समस्याएँ होने लगी है जो पहले के लोगों में उतनी मात्रा में नहीं हुआ करती थी। हम यह भी पाते हैं कि अतीत की कुछ दुख भरी घटनाओं को बार-बार याद करके व्यक्ति बीमार हो जाता है और जीवन में आगे नहीं बढ़ पाता। किसी महान आदमी ने कहा है कि "आप क्या खाते हैं उससे आपको उतना रोग नहीं होता बल्कि रोग उस बात से होता है जो आपको खाए जा रही है।" संसार के एक बहुत समझदार व्यक्ति के पास जब कुछ लोग अपनी समस्याएँ लेकर आए तो उन्होंने एक बहुत समझदारी भरा उत्तर दिया "मैं आपकी समस्याओं को अपने हाथों में तो लेने के लिए तैयार हूँ पर अपने हृदय, फेफड़े और अन्य अंगों में लेने के लिए तैयार नहीं हूँ" (यानी कि वे समस्या को हल करने की कोशिश कर सकते हैं पर उसके लिए अनावश्यक चिंता नहीं लेंगे और खुद को बीमार नहीं करेंगे)।

चिंता से अनिंद्रा, अल्सर, हृदय रोग, ब्लड प्रेसर इत्यादि जैसी बीमारियाँ तो होती हैं साथ ही साथ चिंता से हमारे सोचने समझने और निर्णय लेने की क्षमता भी खत्म हो जाती है और कई बार तो स्थिति यहाँ तक आ जाती है कि लोग आत्महत्या तक कर लेते हैं।

क्योंकि हम समझ चुकें हैं कि चिंता से कितनी गंभीर समस्याएँ उत्पन्न हो सकती है इसलिए हमें चिंता से हर हाल में बचना चाहिए लेकिन उससे पहले आइये हम अगले अध्याय में चिंता के कुछ सामान्य कारणों का पता लगाते हैं।

स्ट्रेस मैनेजमेंट से जुड़ी अमल योग्य उपयोगी बातें :

- क्या वर्तमान समय में आपको कोई रोग है, अगर "हाँ" तो पता लगाइए की कहीं ये आपकी किसी चिंता के कारण तो उत्पन्न नहीं हो रहा।
- छोटी-छोटी बातों को मुद्दा बनाने से बचिए क्योंकि छोटी बाते अक्सर बड़ी हो जाती और हमारे जीवन में अनावश्यक चिंता उत्पन्न करती हैं।

❖

अध्याय 3

चिंता ने मुझे यह दिया और चिंता आपको क्या-क्या दे सकती है?

"हम अपनी समस्या को उसी स्तर पर नहीं हल कर सकते जिस स्तर पर हमने उन समस्या का निर्माण किया था।

-अल्बर्ट आइंसटीन

जैसा कि मैंने आपको पहले बताया कि इस संसार में ऐसा कोई नहीं है जिसे चिंता न होती हो, मैं भी इसका अपवाद नहीं हूँ। काफी समय पहले की बात है मैं जीवन के बहुत बुरे दौर से गुजर रहा था और उस समय मुझे बहुत जबरदस्त चिंता हो रही थी, एक-एक दिन काटना पहाड़ जैसा लग रहा था और आगे क्या होगा कुछ समझ में नहीं आ रहा था।

क्योंकि जैसा मैंने बताया यह चिंता की मात्रा बहुत ही ज्यादा थी और मैंने इसे अपने ऊपर हावी होने की अनुमति दी और अब मैं बताता हूँ कि इस चिंता ने मुझे क्या-क्या दिया सबसे पहली चीज जो इसने मुझे दी वह यह थी कि मेरी नींद पूरी तरह से गायब हो गयी, रात के 2-3 बज जाते थे

पर मुझे बड़ी मुश्किल से ही नींद आ पाती थी, मेरे बाल बहुत ज्यादा झरने लगे और बहुत सारे बाल भी सफेद हो गए, मेरा हाजमा खराब हो गया, मुझे भूख ही नहीं लगती थी, ना ही कुछ खाने का मन करता था, मेरा ध्यान मेरे काम पर नहीं लग पा रहा था इसलिए मुझे आर्थिक नुकसान भी हो रहा था और कुछ ऐसी भी चीजें हुई जिनकी मुझे उम्मीद नहीं थी। उदाहरण के तौर पर मैं अपने दांतों का बहुत ख्याल रखता हूँ और दोनो टाइम यानी कि सुबह और रात दोनो समय ब्रश करने की आदत डाल रखी है। मैंने यह आदत बहुत पहले ही डाल ली थी पर जब मैं लंबे समय तक चिंता में था तो मेरे 9 दांतों में कैविटी हो गयी और 3 दांतों को निकलवाने तक की नौबत आ गयी। जब डॉक्टर साहब से मेरी चर्चा हुई तो उन्होंने कहा कि बेटा चिंता की जड़ों को खोजो और उन्हें खत्म करो, चिंता ने अभी तो सिर्फ तुम्हारे दांतों को खोखला किया है आगे ये तुम्हें और तुम्हारे पूरे शरीर को खोखला कर देगी और जैसा डॉक्टर साहब ने बताया मैंने वैसा ही किया यानी कि चिंता के कारणों को खोजा और उन्हें खत्म किया, नहीं तो वो मुझे पूरी तरह से खोखला कर देती।

तो ये थी कुछ चीजें जो चिंता ने मुझे दी यदि आप भी आवश्यकता से अधिक चिंतित हैं तो चिंता आपको भी ऐसी ही या इससे से भी बड़ी चीजें दे सकती हैं।

यदि हम चिंता से मिलने वाली समस्याओं की गिनती शुरू करें तो हमारी गिनती सिर दर्द, गैस जैसी छोटी-मोटी बीमारियों से शुरू होकर शुगर, ब्लड प्रेसर, हृदय रोग इत्यादि जैसे बड़े रोगों तक चली जाएगी जो भविष्य में चलकर प्राणघातक भी हो सकती है।

चिंता के तो वैसे हजारों कारण है पर आइये एक नजर डालते हैं चिंता के कुछ सामान्य कारणों पर:

खुद से या दूसरों से अपेक्षाएँ जो अब तक पूरी ना हो रही हों

- दूसरों से वास्तविक या अवास्तविक तुलनाएँ जिससे आत्मविश्वास कम होता हो
- किसी व्यक्ति को आगे बढ़ते हुए देखने की ईर्ष्या
- दूसरे जैसा बनने की इच्छा

- लोगों को बदलने की इच्छा
- लोग आपके बारे में क्या सोचेंगे
- लोग आपके बारे में क्या कहेंगे
- अपने आपको कुछ ज्यादा ही गंभीरता से लेना
- आलोचना या निंदा
- काम का बोझ
- लोगों या किसी व्यक्ति विशेष की सराहना पाने की इच्छा
- पैसे कमाने या कर्ज से जुड़ी चिंता
- सेहत या किसी रोग से जुड़ी हुई चिंता
- बिना बोये काटने की इच्छा (बहुत तेजी से सफलता पाने के लिए शॉर्टकट की तलाश)
- गलत संगति में पड़कर हमेशा के लिए फंस जाना
- अपनी पूरी क्षमता का इस्तेमाल न कर पाने के कारण चिड़चिड़ापन
- किसी निर्णय को लेने की दुविधा
- वास्तविकता के साथ ताल-मेल न बैठा पाना
- प्रेम-प्रसंग
- रिश्तों में मतभेद इत्यादि

यह सूची बहुत ही लंबी है पर ये कुछ सामान्य कारण हैं जिनकी वजह से हमारे जीवन में चिंता उत्पन्न होती है। शोध बताते हैं कि अगर हम समझदारी दिखाएँ तो हम अपने जीवन में चिंता उत्पन्न करने वाली लगभग 90 प्रतिशत स्थितियों को खत्म कर सकते हैं। अगर यह शोध सही है तो भी यह बहुत राहत की बात है। और कल्पना करिए की हमारे जीवन की 90 प्रतिशत चिंता खत्म हो जाए तो हम कितनी राहत महसूस करेंगे।

इसलिए अब से दोषारोपण बंद करिए और अपने जीवन की पूरी जिम्मेदारी लीजिये क्योंकि यह आपका जीवन है किसी और का नहीं। अगर हमें खुश रहना है, चिंता मुक्त रहना है तो ये किसी और पर नहीं बल्कि हमारे ऊपर निर्भर करता है।

स्ट्रेस मैनेजमेंट से जुड़ी अमल योग्य उपयोगी बातें :

- एक सूची बनाइये की चिंता ने आपका अब तक क्या-क्या नुकसान किया है।
- क्या आप किसी ऐसे व्यक्ति को जानते हैं जो कि चिंता के कारण बर्बाद हो गया, यदि हां तो उन कारणों का पता लगाइए।
- एक कागज लीजिये और आपको वर्तमान समय में जितनी भी चिंताएँ हैं उन्हें लिख डालिए अब उसके बाद एक और कागज लीजिये और उसमें दो बड़े गोले बनाइये एक गोले के ऊपर लिखिए "नियंत्रण में, इसके बारे में मैं कुछ कर सकता हूँ" और दूसरे गोले के ऊपर लिखिए "नियंत्रण के बाहर इसके बारे में मैं कुछ नहीं कर सकता।"

अब अपनी चिंताओं को इन दो गोलों में बाँटिए यानी उन चिंताओं को जिनके बारे में आप कुछ कर सकते हैं उन्हें पहले गोले में डालिए और दूसरे गोले में उन चिंताओं को डालिए जिनके बारे में आप कुछ नहीं कर सकते। जब आप यह करेंगे आपको देखकर आश्चर्य होगा की कितने ऐसे काम थे जो पूरी तरह से आपके नियंत्रण में थे जिन पर आप फिजूल में चिंता कर रहे थे।

❖

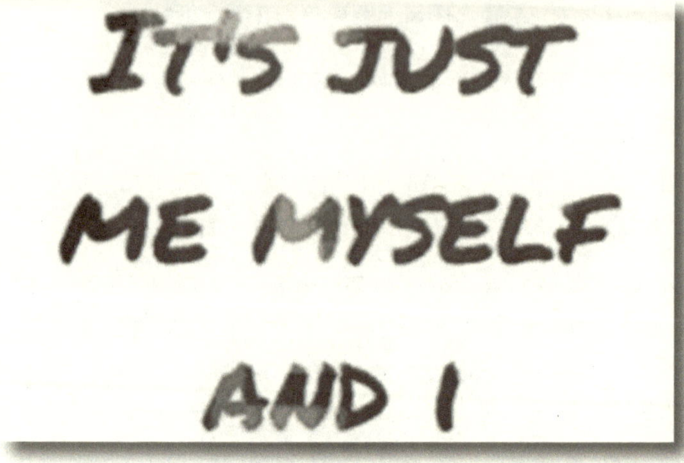

अध्याय 4

एक व्यक्ति जो आपकी सबसे ज्यादा सहायता कर सकता है

"जो चिंता से लड़ना नहीं जानते वे जवानी में ही मर जाते हैं।"

-अलेक्सस कैरल

एक बार की बात है एक पुल पर एक युवक नदी में छलांग लगाकर अपनी जान देने ही जा रहा था कि तभी पीछे से किसी ने उसके कपड़ों से उसे पकड़ लिया और उसे बहुत तेजी से पीछे की ओर खींचा, उसके बाद वह युवक जमीन पर गिर गया, आदमी ने गुस्से से युवक से पूछा कि "तुम क्या कर रहे थे, तुम्हारा दिमाग तो ठीक है।" यह सुनकर युवक फूट-फूट कर रोने लगा और उसने बताया कि कैसे उसका व्यापार बर्बाद हो गया और वह पूरी तरह से दिवालिया हो गया है और उसने यह भी बताया कि कंगाल होने के बाद उसकी पत्नी ने भी उसका साथ छोड़ दिया।

आदमी उस युवक की बातों को बड़े ध्यान से सुन रहा था और जब युवक की बातों को उसने पूरी तरह से सुन लिया तो उसने कहा "देखो बेटे,

तुम्हारी समस्या सचमुच गंभीर है और कोई शक नहीं कि तुम पूरी तरह से टूट चुके हो पर मैं तुम्हारी इसमें कोई सहायता नहीं कर सकता पर मैं एक ऐसे व्यक्ति को जानता हूँ जो इस स्थिति में तुम्हारी सबसे ज्यादा सहायता कर सकता है।" यह सुनकर युवक के चेहरे पर एक नयी चमक आ गयी और उसने उस आदमी के पैरों में गिरकर कहा "कृपया मुझे उस व्यक्ति के पास ले चलिये मैं आपका आजीवन आभारी रहूँगा।" आदमी झुका और उसने युवक को उठाते हुए कहा "हाँ ठीक है मैं तुम्हें मिलवाऊँगा चलो मेरे साथ।"

आदमी उसे एक तहखाने में ले गया वहाँ पूरी तरह से अंधेरा था कुछ दूर चलने के बाद आदमी ने युवक से कहा "रुको! यही है वो व्यक्ति जो तुम्हारी सबसे ज्यादा मदद कर सकता है।" युवक ने पूछा "कहाँ, मुझे तो कोई दिखाई नहीं दे रहा।" आदमी ने कहा "बस एक मिनट रुको मैं दिखाता हूँ", आदमी ने अपने कुछ कदम बढ़ाए और एक लाइट का स्विच जलाया और एक बड़ा सा पर्दा हटाते हुए उस युवक से कहा कि "यही है वो व्यक्ति जो तुम्हारी सबसे ज्यादा सहायता कर सकता है।"

क्या आप जानना चाहेंगे की वो व्यक्ति कौन था? बिलकुल, मुझे पता है कि आप जानना चाहेंगे, चलिये कहानी की ओर लौटते हैं। आदमी ने पर्दा हटाते हुए जब युवक से कहा कि यही है वह व्यक्ति जो तुम्हारी सबसे ज्यादा सहायता कर सकता है तो युवक जोर-जोर से रोने लगा क्योंकि यह व्यक्ति कोई और नहीं बल्कि युवक स्वयं था। आदमी ने जब पर्दा हटाया तो वहाँ पर एक आईना लगा हुआ था जिसमें युवक का प्रतिबिंब दिख रहा था। इस घटना ने युवक की आंखे खोल दी। इस घटना से युवक यह समझ गया कि अगर उसके जीवन को बेहतर बनाना है तो यह पूरी तरह से उसी पर निर्भर है। युवक ने ना सिर्फ खुद को संभाला बल्कि अपने देश के हजारों लोगों को भी संभाला। उसने जी-जान लगाकर मेहनत से दोबारा शुरुआत की और बहुत बड़ी सफलता प्राप्त की। इसके बाद उसने अनेकों स्कूल, कॉलेज खुलवाए, अस्पताल बनवाए जिनका उद्देश्य गरीबों की सेवा करना था। क्या आपको लगता है कि यदि उस युवक ने उस दिन अपनी जान दे देती होती तो क्या इन हजारों जिंदगियों को यह लाभ मिल पाता। और इसका जवाब होगा बिलकुल भी नहीं।

हमने ना जाने कितनी बार सुन रखा है इंसान अकेले आता है और अकेले चला जाता है। बात तो सही है लेकिन इस बीच वह क्या काम करके

जाता है वह मायने रखता है, क्या हम कुछ ऐसे काम करते हैं जिसके बाद हमें लोग याद रखें कि हमारे जीवन से इस संसार को कितना ज्यादा लाभ मिला और हमारे कारण यह संसार एक बेहतर संसार बना या फिर हमने अपने जीवन का दुरुपयोग किया और लोगों से सिर्फ मतलब निकालते रहे और हमारे जाने के बाद लोगों को खुशी हुई कि अच्छा हुआ धरती का बोझ था। हमारे जीवन का स्टीयरिंग व्हील या हैंडल हमारे हाथ में हैं अब यह हमारे ऊपर है कि हम इसे किस दिशा में मोड़ते हैं, मैं तो यही कहूँगा की अपने जीवन को सकारात्मकता की ओर मोड़िए और लोगों के दिलों को जोड़िएँ क्योंकि हमें यह जीवन सिर्फ एक ही बार मिलता है।

स्ट्रेस मैनेजमेंट से जुड़ी अमल योग्य उपयोगी बातें :

जब भी जीवन में समस्या हो तो खुद से पूछिये:–

- मैं इस समस्या को हल करने के लिए क्या कर सकता हूँ?
- अगर यह समस्या मुझसे हल नहीं हो सकती तो इसे हल करने की जानकारी एकत्रित करने के लिए मैं क्या कर सकता हूँ?
- क्या मैं कोई किताबें पढ़ सकता हूँ?
- या मैं इस समस्या के बारे में इंटरनेट पर खोज सकता हूँ?
- क्या मैं इसके बारे में किसी से पूछ सकता हूँ?
- क्या मैं परिवार के किसी सदस्य या अपने किसी मित्र या किसी शुभचिंतक से इस बारे में पूछ सकता हूँ?
- क्या कोई प्रोफेशनल व्यक्ति है जो मेरी सहायता कर सकता है?
- या क्या कोई ऐसा व्यक्ति है जिसने इसी समस्या का सामना किया और उस समस्या पर विजय प्राप्त की जिससे मैं मार्गदर्शन ले सकता हूँ?

❖

अध्याय 5

अभी सब कुछ खत्म नहीं हुआ

"चिंता के खिलाफ हमारा सबसे बड़ा हथियार है, हमारे दिमाग की एक विचार को बदलकर दूसरे विचार को सोचने की क्षमता।" ***-विलियम जेम्स***

एक बार की बात है एक सकारात्मक व्यक्ति ने एक बहुत ही ज्यादा परेशान नकारात्मक व्यक्ति को देखा, सकारात्मक व्यक्ति ने सहायता करने के उद्देश्य से नकारात्मक व्यक्ति से पूछा कि, "आप बहुत ज्यादा परेशान लग रहे हैं, क्या बात है?", नकारात्मक व्यक्ति ने कहा "सब कुछ खत्म हो गया अब कुछ नहीं बचा मेरी उम्र 45 साल से अधिक हो गयी है और मेरे पास अब नौकरी भी नहीं बची, मेरा सब कुछ खत्म हो गया।"

इस पर सकारात्मक इंसान ने पूछा "क्या वाक़ई सचमुच सब कुछ खत्म हो गया?" इस पर नकारात्मक इंसान ने झल्लाते हुए जवाब दिया कि "क्या आपने सुना नहीं सब कुछ खत्म हो गया"

इस पर सकारात्मक इंसान मुस्कुराया और बोला "चलिये एक बार चेक कर लेते हैं, हो सकता है कि कुछ बचा ही हो?"

सकारात्मक इंसान थोड़ी देर के लिए कहीं गया और फिर जब वह आया तो उसके हाथों में एक पेन और डायरी थी। इसके बाद सकारात्मक इंसान ने कहा "चलिये हिसाब-किताब लगाते हैं कि क्या वाकई अब भी कुछ बचा है? क्या आपकी पत्नी है?

इस पर नकारात्मक इंसान ने कहा "हाँ है, और वह बहुत अच्छी है, शादी के इतने वर्षों में उसने कभी मुझसे शिकायत नहीं की, जीवन के संघर्ष भरे दिनों से लेकर आज तक उसने मेरा कभी साथ नहीं छोड़ा"

सकारात्मक इंसान ने इस बात को डायरी पर नोट करते हुए पूछा "और आपके बच्चे?" नकारात्मक इंसान ने बताया "मेरे 2 बच्चे हैं और दोनों ही प्रभु का वरदान हैं वे दोनों बहुत ही हंसमुख हैं और सदैव मेरा सपोर्ट करते हैं जब उन्हें मेरी वर्तमान स्थिति का पता चला तो वे तुरंत मेरे पास आते हुए बोले कि पिताजी आप ही हम लोगों को सीखाते हैं कि जीवन में उतार-चढ़ाव तो आते ही रहते हैं और व्यक्ति को उसका सामना बहादुरी से करना चाहिए और आज आप ही उस सीख को भूल गए?"

सकारात्मक व्यक्ति ने मुस्कुराते हुए उस बात को भी अपनी डायरी में नोट कर लिया और फिर नकारात्मक इंसान से पूछा "और आपके दोस्त?"

इस पर नकारात्मक इंसान ने बताया कि "मेरे सिर्फ 3 ही दोस्त हैं पर वे किसी भी व्यक्ति के 30 दोस्तों के बराबर हैं वे मुझपर जान छिड़कते हैं, अगर उन्हें कभी लगता था कि मैं गलती करने वाला हूँ तो वे मुझे तुरंत टोकते थे और उन तीनों के कारण मैं बहुत सारे नुकसान से बच पाया।"

इस बात को भी सकारात्मक इंसान ने मुस्कुराते हुए अपनी डायरी में नोट कर लिया। ऐसे करते-करते उसने कुल 15 प्रश्न पूछे और नकारात्मक इंसान के द्वारा दिये गए सभी उत्तरों को नोट कर लिया और उसके बाद सकारात्मक इंसान ने नकारात्मक इंसान से कहा "देखिये आपने कहा था कि आपके जीवन में कुछ नहीं बचा पर अभी-अभी आपने 15 ऐसी बातें बताई जिसके लिए लोग पूरे जीवन तरसते हैं, यदि हम अभी और भी बातों पर चर्चा करें तो मुझे पूरा विश्वास है कि आपके जीवन में अब भी बहुत कुछ बचा है और आप अब भी जीवन में बहुत कुछ कर सकते हैं।"

एक गहरी सांस भरते हुए और मुस्कुराते हुए नकारात्मक इंसान ने सकारात्मक इंसान से कहा, "बिलकुल आप सही कह रहे हैं मैं नकारात्मकता में पूरी तरह से अंधा हो गया था, अब भी बहुत कुछ बचा है और मैं अब भी बहुत कुछ कर सकता हूँ और करूंगा।"

इसके बाद नकारात्मक इंसान ने अपने परिवार के साथ मिलकर एक व्यापार शुरू किया। कुछ समय तो लगा पर वह अपने व्यापार में बहुत ही ज्यादा सफल हुआ और उसने इस सफलता का श्रेय सकारात्मक इंसान को दिया।

ये बहुत अच्छा उदाहरण है कि जब भी हमें लगता है कि हमारे जीवन में कुछ नहीं बचा तो हम भी उन चीजों की सूची बनाएँ जिसके लिए हम कृतज्ञ हैं। सभी के जीवन में ऐसे पल आते हैं जब हमें लगता है कि क्या हमारे जीवन में अब भी कुछ बचा है? जब मुझे ऐसा महसूस होता है तो मैं कागज-पेन या लैपटाप जो भी आसानी से उपलब्ध होता है उस पर सूची बनाना शुरू करता हूँ जिसमें छोटी से छोटी बातें जैसे स्वच्छ भरपेट भोजन, सिर पर एक सुरक्षित छत, परिवार, एक अच्छा नाम, अच्छा स्वास्थ्य इत्यादि जैसी बातों से लेकर ऐसी चीजें जिनका बहुत कम लोगों को सौभाग्य मिलता है जैसे 9 डिग्री/सर्टिफिकेट, बेस्ट सेलर लेखक बनना, मेरी किताबें जो कि अब अनेक भाषाओं में हैं जो लाखों लोगों के जीवन को बेहतर बनाने का माध्यम बन गयी हैं और जिन्हें मुख्यमंत्री और राज्यपाल द्वारा विमोचन का भी सौभाग्य प्राप्त हुआ इत्यादि जैसी चीजों की जब मैं सूची बनाने लगता हूँ तो मुझे डेढ़-दो घंटे लग जाते हैं और उसके बाद भी मेरी सूची खत्म नहीं होती और मुझे एहसास होता है कि मैं झूठ में चिंता कर रहा था, इतनी सारी चीजें प्रभु ने मुझे दी है जो बहुत कम लोगों को देते हैं।

स्ट्रेस मैनेजमेंट से जुड़ी अमल योग्य उपयोगी बातें :

- हमारे जीवन में भी समय-समय पर ना जाने ऐसे कितने दौर आते हैं जब हम सोचते हैं कि जीवन में कुछ नहीं बचा और जब ऐसे दौर आते हैं तब हमें भी कुछ इसी तरह का हिसाब-किताब लगना चाहिए कि हमारे जीवन में क्या-क्या बचा है। और जब आप हिसाब-किताब

लगाएंगे तो आपको पता चलेगा की अब भी निराश होने की आवश्यकता नहीं है अब भी बहुत कुछ बचा है।

- जब भी आप किसी ऐसे व्यक्ति को पाए जो बहुत ज्यादा निराश हो तो उसे भी इस हिसाब-किताब के फार्मूले को समझाएँ।
- मुझे क्रिकेट मैच देखना बहुत पसंद है और मुझे ऐसे कई मैच देखने का सौभाग्य मिला जिसमें बहुत से दर्शक मैंच छोड़कर जा रहे थे, क्योंकि वे यह मानकार चल रहे थे कि अब कुछ नहीं बचा और अब तो टीम हार ही जाएगी। पर बाद में आश्चर्यजनक रूप से टीम ने उस हारे हुए मैच को भी जीत लिया। मेरा भी आपको सुझाव होगा कि इंटरनेट पर ऐसे ही किसी ऐतिहासिक मैच को देखें और प्रेरित हों।

❖

अध्याय 6

ज्यादातर चीजें अच्छे के लिए होती हैं

"प्राचीन कहावत है कि सभी चीजें अच्छे के लिए होती है। मैं इसे थोड़ा बदलना चाहूँगा कि सभी चीजें नहीं, पर ज्यादातर चीजें अच्छे के लिए होती है।" ***-राजल***

मुझे लगता है बचपन में आपने भी बहुत सारी अकबर-बीरबल की कहानियाँ सुनी होंगी, मैंने भी बहुत सारी अकबर-बीरबल की कहानियाँ टीवी पर देखी हैं और उनमें से एक कहानी मैं आपके साथ साझा करना चाहूँगा। कहानी कुछ इस प्रकार है। एक बार की बात है राजा अकबर का हाथ चोटिल हो गया और उससे खून बहने लगा। अकबर के दरबार में सभी मंत्रीगण अकबर के लिए चिंतित होने लगे और एक-एक करके अकबर के सामने अफसोस जाहिर करने लगे जब बीरबल का नंबर आया तो बीरबल ने अफसोस या चिंता जाहिर करने के बजाए एक ऐसी बात कही जिससे सभी आश्चर्य में पड़ गए और अकबर को यह पूछना पड़ गया की क्या बीरबल होश में हैं या नहीं?

बीरबल ने जो कहा था वह यह था कि "जो भी होता है अच्छे के लिए होता है" जब अकबर ने पूछा कि बीरबल होश में हैं या नहीं तो हमेशा की तरह मुस्कुराते हुए आत्मविश्वास के साथ बीरबल ने कहा कि "मैंने जो कहा है सही कहा है यानी कि जो भी होता है अच्छे के लिए होता है।" अकबर बहुत ही ज्यादा नाराज हो गए और उन्होंने अपने सिपाहियों को आदेश दिया कि तुरंत ही बीरबल को बंदी बना लिया जाए।

अगले दिन अकबर अपने साथियों के साथ शिकार के लिए निकले। जब वे जंगल में पहुंचे तो उनकी निगाह एक हिरण पर पड़ी और उन्हें देखकर हिरण बहुत तेजी से भागने लगा, हिरण बहुत तेजी से भाग रहा था उसकी गति इतनी तेज थी कि एक समय ऐसा भी आया कि उसका पीछा करते-करते अकबर के साथी बहुत पीछे रह गए और अकबर ने घने जंगल में खुद को अकेला पाया तभी जंगली जनजाति वाले झुंड के 8-10 लोगों ने अकबर को घेर लिया और बंदी बना लिया। बंदी बनाने के बाद ये लोग अकबर को अपने सरदार के पास ले गए जहां सरदार ने अकबर को तैयार करके बलि देने को कहा। जब वे लोग अकबर को तैयार कर रहे थे कि तभी उन लोगों की निगाह अकबर के हाथ पर गयी। जब उन लोगों ने देखा की अकबर का एक हाथ चोटिल है तो वे लोग थोड़ा परेशान हुए और उन्होंने तुरंत इसकी सूचना सरदार को दी। सरदार यह सुनकर बहुत निराश हुआ उसने अपने साथियों को बताया कि प्रथा के अनुसार क्योंकि अकबर चोटिल हैं इसलिए वो बलि के लिए उपयुक्त नहीं हैं और इसलिए अकबर को तुरंत छोड़ दिया जाए। सरदार के आदेश पर अकबर को छोड़ दिया गया और अकबर अपने साथियों के पास वापस लौट आए और उन सभी से इस घटना के बारे में बताया। महल लौटते ही अकबर ने अपने सैनिकों को आदेश दिया कि बीरबल को कैदखाने से रिहा करके तुरंत उनके सामने प्रस्तुत किया जाए। सिपाहियों ने अकबर का आदेश माना और तुरंत ही बीरबल को उनके समक्ष प्रस्तुत किया। अकबर ने बीरबल को गले लगाते हुए कहा "बीरबल तुम सही थे जो होता है अच्छे के लिए होता है" और फिर अकबर ने बीरबल को पूरा किस्सा सुनाया।

जब अकबर का किस्सा खत्म हुआ तो उन्होंने बीरबल से पूछा कि "मैं अपने बारे में तो समझ गया की घायल होने के कारण ही मेरी जान बची

पर तुम्हारे बारे में नहीं समझ पाया की तुम्हें कैद करने में तुम्हारे साथ क्या अच्छा हुआ?"

बीरबल हमेशा की तरह मुस्कुराए और कहा कि "हुजूर! अगर आप मुझे कैद में नहीं डालते तो आप मुझे अपने साथ शिकार पर ले जाते और शिकार पर जब वे लोग आपको पकड़ रहे थे तो संभव है कि वे आपके साथ मुझे भी पकड़ लेते। घायल होने के कारण वे आपको तो छोड़ देते पर मुझे नहीं छोड़ते और मेरी बलि दे देते। इसलिए महाराज जो होता है अच्छे के लिए होता है और आपके द्वारा मुझे कैद करने का आदेश देना मेरे लिए वरदान साबित हुआ।"

ये कहानी बहुत ही प्रेरणादायक है और अनेक अवसरों पर मुझे इससे प्रेरणा मिली है पर मैं बीरबल के कथन को थोड़ा बदलना चाहूँगा कि सभी नहीं पर ज्यादातर चीजें अच्छे के लिए होती है और ज्यादातर से मेरा मतलब क्या है?

मैंने पाया है कि 100 घटनाओं में से 1-2 ऐसी घटनाएँ हो जाती है जिसमें हम शायद ही कोई अच्छा पहलू खोज पाएँ लेकिन बाकी के 98-99 घटनाओं में हम कुछ ना कुछ ऐसा खोज सकते हैं जो हमारे हित में हों या हमें कोई ऐसी सीख मिल सकती है जो हमें कभी नहीं मिलती यदि वो घटना हमारे साथ नहीं होती।

मैं आपके साथ अपना एक अनुभव साझा करना चाहूंगा। यह वर्ष 2008 की बात है भारत के एक शीर्षस्थ एम.बी.ए. कॉलेज में मुझे इंटरव्यू के लिए बुलाया गया था। इंटरव्यू के लिए मैं हैदराबाद गया पर मेरा चयन उस कॉलेज में नहीं हुआ। उस समय तो मैं बहुत निराश हुआ। पर मैं सोचता हूँ कि अगर मेरा एडमिशन इस कॉलेज में हो जाता तो संभावना अधिक है कि कॉलेज की शिक्षा पूरी होते ही मैं भी अपने सहपाठियों की तरह किसी अच्छी जगह नौकरी करने लगता और अगर ऐसा होता तो शायद ही आर.जी-टेक एजुकेशन या राजलनीति संभव हो पाते। और इसलिए मैं प्रभु के प्रति आभार व्यक्त करता हूँ कि उन्होंने उस समय मेरा एडमिशन उस कॉलेज में नहीं कराया।

स्ट्रेस मैनेजमेंट से जुड़ी अमल योग्य उपयोगी बातें :

- इसलिए जब भी आप असफल हों या परिस्थितियाँ प्रतिकूल हों या कभी आपको धोखा मिले तो निराश होने के बजाए खुद को याद दिलाये की ज्यादातर चीजें अच्छे के लिए होती है।

- यदि आप इस बात को और भी अच्छे से समझना चाहते हैं तो मैं आपको सुझाव दूंगा की आप लोगों की जीवनियों का अध्ययन करें तो आप पाएंगे कि ऐसी चीजें या समस्याएँ जो शुरू में अभिशाप लग रहीं थी बाद में आगे चलकर वरदान साबित हुई इसलिए घबराए नहीं हर परिस्थितियों से सीखें आवश्यकता अनुसार अपनी योजना में बदलाव लाएँ और सबसे महत्त्वपूर्ण प्रभु में आस्था रखें कि ज्यादातर चीजें अच्छे के लिए होती है।

- **प्रभु ने कुछ अच्छा ही सोच रखा होगा :** जब हम लोगों की जीवनियों का अध्ययन करते हैं तो हम पाते हैं कि लोग बनना तो कुछ चाहते थे पर बाद में कुछ और बने और उस क्षेत्र में सफलता के शिखर पर पहुंच गए और जो चीजें कभी संभव नहीं होती अगर वे अपने मनचाहे क्षेत्र में चले जाते। उदाहरण के तौर पर महानायक अमिताभ बच्चन रेडियो में जाना चाहते थे पर वहां के लोगों को लगा की उनमें प्रतिभा नहीं है उसके बाद उन्होने भारतीय फिल्म उद्योग में कदम रखा और बाकी सब इतिहास है। मुझे लगता है कि अगर वो रेडियो से जुड़ गए होते तो शायद उन्हें इतनी ख्याति और उतना सम्मान नहीं मिलता जितना उन्हें भारतीय फिल्म उद्योग से मिला।

❖

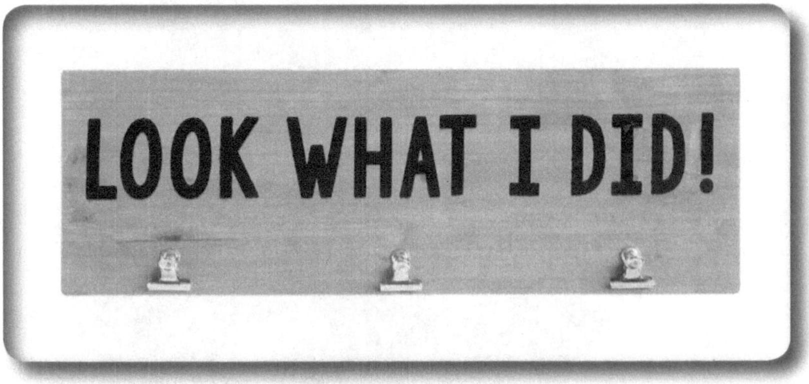

अध्याय 7

जबर्दस्त निराशा के दौर से निकलने के लिए मैंने क्या किया

"चिंता नहीं, चिंता पर हमारी प्रतिक्रिया ही हमें मार डालती है"

-हैन्स सेलये

जैसा हमने पहले भी चर्चा की है कि हम सभी के जीवन में कभी-न-कभी हमें निराशाओं का सामना करना पड़ता है। और मेरे जीवन में भी निराशा का एक जबर्दस्त दौर आया जब मेरे सभी दांव गलत पड़ रहे थे ऐसा लग रहा था कि मुसीबत मेरे पीछे दौड़ कर चली आ रही है। वाकई में बहुत मुश्किल दौर था और आप जानते ही हैं चिंता सभी चीजों पर असर डालती हैं जिनमें आपके लोगों के साथ संबंध भी शामिल हैं और आपकी सेहत भी और इन दोनों क्षेत्रों में भी मुझे बहुत ज्यादा समस्याएँ आ रही थीं। मुझे खुद को इस चिंता से निकालना ही था नहीं तो और भी ज्यादा समस्याएँ हो जाती।

तो इस दौर से निकलने के लिए :

- सबसे पहली चीज मैंने की वह यह थी कि मैंने उन लोगों को खोजा जो मुझसे भी ज्यादा समस्या में थे, मैंने शुरुआत की एक अनाथ आश्रम

से। वहाँ मैंने देखा ऐसे छोटे-छोटे प्यारे-प्यारे बच्चों को जिन्हें सड़क से, रेलवे स्टेशन से तो कभी किसी जानवर के पास से लाया गया था। मैंने इन बच्चों को देखा और सोचा कोई कैसे इतना निर्दयी हो सकता है। इतने दिनों में मुझे पहली बार चिंता से मुक्ति मिली और मुझे महसूस

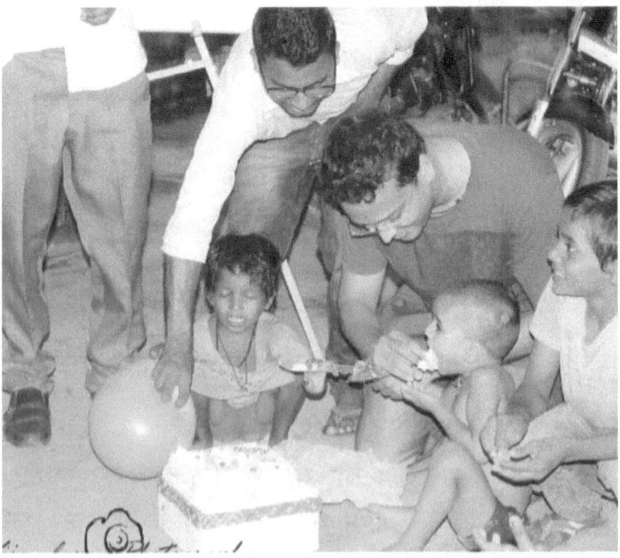

हुआ की अगर इन बच्चों से अपनी तुलना करूँ तो मैं कितना भाग्यशाली हूँ और मुझे सदैव परिवार का साथ मिला है, अगर मेरी स्थिति भी उनके जैसी होती तो मेरा क्या होता।

इसके बाद मैंने रुख किया ऐसी जगह का जहां शारीरिक और मानसिक रूप से अक्षम बच्चों को रखा जाता था जब मैं वहाँ गया तो मैंने ऐसे बच्चों को भी देखा जो एक ही स्थान पर अपना जीवन जीने को मजबूर थे, कुछ ऐसे भी थे जिनमें समझने या बोलने की शक्ति नहीं थी फिर भी वो दिल से मुस्कुरा रहे थे यह देखने के बाद मुझे खुद पर बहुत शर्म आई और मैंने मन ही मन खुद से कहा "हे प्रभु आपने हमें सामान्य बनाकर सब कुछ दिया उसके बाद भी मैं आपसे अपनी छोटी-बड़ी हर समस्याओं और दुखों के बारे में सदैव शिकायत कर रहा था और इन्हें देखने के बाद मैं आपसे क्या कहूँ।" उस समय मेरे साथ मेरे परिवार के भी लोग थे और इन बच्चों को देखने के बाद वे सभी लोग रोने लगे और मैं भी काफी भावुक हो गया।

यह सिलसिला यहीं नहीं रुका मैंने वृद्धाश्रम, कुष्ठ आश्रम इत्यादि जैसी बहुत सारी जगहों पर गया और मुझे समझ में आ गया था कि धरती पर ऐसे बहुत सारे लोग हैं जिनकी समस्याओं के आगे हमारी समस्या बिलकुल वैसी ही है जैसे पहाड़ के सामने चींटी इसलिए अब मेरे पास जीवन में जो भी है उसके लिए मुझे प्रभु का कृतज्ञ होना चाहिए और फिर उसके बाद अपनी समस्याओं का समाधान करने की ओर केन्द्रित होना चाहिए।

- दूसरी चीज जो मैंने की वह यह थी कि मैंने सकारात्मक पुस्तकों और जीवनियों का अध्ययन शुरू किया। इससे मुझे संसार के महानतम लोगों को जानने का ना सिर्फ अवसर मिला बल्कि एक उदाहरण भी मिला की इतनी विपरीत परिस्थितियों में यदि इन लोगों ने हिम्मत नहीं हारी, शिकायतें नहीं की बल्कि वही किया जो वे कर सकते थे यानी कि अपना सर्वोत्तम प्रयास और फिर क्या था इन लोगों ने इतिहास रच दिया।

मुझे इन लोगों का अध्ययन करने से एक बात समझ में आई की अगर ये लोग इतनी विपरीत परिस्थितियों के बावजूद भी इतनी ऊंचाइयों तक पहुँच सकते हैं तो मेरी स्थिति तो काफी बेहतर है और फिर मैंने अपने जीवन में काफी सफलता प्राप्त की।

- **म्यूजिक/संगीत :** तीसरी चीज जो मैंने की वह यह थी कि मैंने प्रतिदिन कम से कम एक घंटे संगीत का आनंद लिया। मैं शुरुआत करता था हनुमान चालीसा या हनुमान जी की आरती से और फिर मैं फिल्मों के गाने सुनता था और इससे भी मुझे काफी राहत महसूस होती थी।
- **वेट ट्रेनिंग :** चौथी चीज जो मैंने की वह थी वेट ट्रेनिंग सरल शब्दो में ऐसा व्यायाम जिसमें हम वजन का इस्तेमाल करते हैं जैसे डम्बेल, बारबेल इत्यादि। मैंने एक बार नहीं बल्कि दिन में दो बार इन एक्सर्साइज को किया इससे सबसे पहले तो मुझे अच्छी भूख लगने लगी और दूसरी मुझे रात में भी अच्छी नींद आने लगी जो कि मुझे काफी समय से नहीं आ रही थी और एक्सर्साइज शुरू करने के बाद मुझे बिलकुल बच्चों की तरह नींद आने लगी यानी कि जब मैं रात में सोता था तो इतनी गहरी नींद आती थी कि मैं सीधे सुबह ही उठता था।
- **आहार :** एक कहावत है जैसा अन्न वैसा मन। मैंने सभी फास्ट फूड और मसालेदार भोजन को छोड़ दिया और इसके बाद मैंने सादे भोजन,

सलाद, फल, मेवे और दूध से बने उत्पादों का प्रयोग करने लगा और इससे भी मुझे बहुत लाभ मिला।

जब मैंने इन 5 चीजों को किया इसके कुछ समय बाद ही मेरे जीवन में जबर्दस्त बदलाव होने लगे और मेरे जीवन में कई ऐसी चीजें हुई जो निराशा के दौर में मेरे लिए असंभव थी। मैंने बेस्ट सेलर किताब लिखी, टाइम मैनेजमेंट विषय पर किसी भी भारतीय लेखक द्वारा सबसे अधिक भाषाओं में अनुवाद का गौरव प्राप्त किया, मुख्यमंत्री और राज्यपाल द्वारा विमोचन का सौभाग्य मिला, अनेक पुरस्कार व सम्मान प्राप्त हुए और

सबसे बड़ी बात पाठकों से सकारात्मक प्रतिक्रिया मिली कि किस प्रकार मेरी लिखी पुस्तकों ने उनके जीवन को बेहतर बनाया जो मेरे लिए सबसे बड़ी उपलब्धि थी।

स्ट्रेस मैनेजमेंट से जुड़ी अमल योग्य उपयोगी बातें :

- क्या आप भी जीवन के सबसे बुरे दौर से गुजर रहे हैं, यदि हाँ तो खोजिए ऐसे लोगों को जो आपसे भी ज्यादा मुश्किल में हैं।

- क्या आपको लगता है कि आपके जीवन में करने के लिए कुछ भी नहीं है, यदि हाँ तो अपने जीवन को देश के और समाज के ऐसे लोगों के प्रति समर्पित कर दीजिये, ऐसे जरूरतमन्द लोगों के जीवन को बेहतर बनाइये और इस प्रक्रिया में कब आपका जीवन भी बेहतर बन जाएगा आपको इसका पता भी नहीं चलेगा।

❖

अध्याय 8

दिन-प्रतिदिन और भी बेहतर बनें

"आपका जीवन तभी बेहतर बनता है जब आप बेहतर बनते हैं।" ***-ब्रायन ट्रेसी***

एक दिन मैं इंटरनेट पर एक लेख पढ़ रहा था जिसमें बताया गया था कि हवाई यात्रा, सड़क की यात्रा से 40 गुना ज्यादा सुरक्षित है पर हमेशा से ऐसा नहीं था। जब भी कोई दुर्घटना होती थी तो हवाई एजेंसियों द्वारा इसके कारणों का पता लगाया जाता था और पूरी कोशिश की जाती थी कि अगली बार ऐसी कोई समस्या ना आए। जैसे-जैसे समय बीतता गया वैसे-वैसे इन दुर्घटनाओं से वे सीखते गए और आज परिणाम यह है कि हवाई यात्रा सड़क की यात्रा से 40 गुना ज्यादा सुरक्षित है।

इसी प्रकार से चिकित्सा के क्षेत्र में भी मेडिकल से जुड़े लोगों ने ना सिर्फ नए-नए प्रयोग किए बल्कि अपनी गलतियों से भी सीखा और उन्हें सुधारा और आज परिणाम यह है कि बहुत सारे जटिल ऑपरेशन भी सफलतापूर्वक आसानी से किए जा सकते हैं।

इसी प्रकार अगर हम खेल के क्षेत्र में लें तो टीमें अपने खेले हुए मैचों की रिकॉर्डिंग को बार-बार देखती हैं ताकि वे अपनी कमियों को पहचान सकें और उन्हें सुधार सकें और जब वे ऐसा करेंगे तभी अपनी टीम को विजेता बना पाएँगे।

मनुष्य होने के नाते हमसे गलतियाँ होना स्वाभाविक है, पर हमें भी एक ऐसा सिस्टम बनाना होगा जिससे कि हम भी पहले से बेहतर हो सकें और अपने चिंता को कम कर सकें।

इसके लिए मैं आपको एक सुझाव दूँगा जो मेरे लिए बहुत ही कारगर रहा - एक डायरी बनाएँ और प्रतिदिन शाम को अपना मूल्यांकन करें कि कौन-कौन सी बातें आपको चिंता दे रही हैं और आप उन चिंताओं पर क्या प्रतिक्रिया दे रहें हैं।

जब आप प्रतिदिन ऐसा करते हैं तो आप पाएँगे की कई ऐसी चिंता हैं जो आप आदतन करते हैं और ऐसी भी कई चिंता हैं जिन्हें अब आप समझदारी से हल कर सकते हैं।

उदाहरण के तौर पर जब मैंने ऐसा करना शुरू किया तो मैंने पाया कि मैं कई ऐसे बिलों का भुगतान करने में देरी कर रहा हूँ जिनमें मुझे लेट फीस देनी पड़ रही है और इससे अनावश्यक चिंता भी बढ़ती है। ऐसे ही मैंने पाया कि कई ऐसे लोग हैं जो मुझसे ईर्ष्या करते हैं और मुझे उकसाते हैं और उनकी बातों का जवाब देने के कारण मैं भी छोटी सोच प्रदर्शित करता हूँ और जब मैं ऐसा करता हूँ तो उनके और मेरे बीच में कोई फर्क नहीं रह जाता, एक और चीज मैंने पाई कि मैं चीजों को इधर-उधर रख दे रहा हूँ जिन्हें खोजने में मुझे समय लगाना पड़ रहा है और कई बार जब सामान मुझे नहीं मिलता था तो उन्हें खरीदने में भी मुझे बहुत सा धन खर्च करने पड़ रहे हैं। एक और चीज मैंने पाई वह यह थी कि चिंता की वजह से जब मेरा मूड खराब होता था तो सामान्य अवस्था में वापस आने में लगने वाला समय बहुत ज्यादा था जिससे मेरे अन्य काम भी प्रभावित हो रहे थे।

उदाहरण के तौर पर मान लेते हैं दिन में आपकी एक व्यक्ति से बहस हो गई, शाम को आप अपनी डायरी में बहस के कारणों का मुलायंकन करते हैं तो आप पाते हैं कि यदि आप उस समय पुरानी बातों को नहीं उठाते तो

आप बहस से बच सकते थे अब यदि भविष्य में फिर वैसी ही स्थिति बनती हैं तो सम्भावना ज्यादा है कि आप वैसी गलती नहीं करेंगे।

जैसा कि आप देख सकते हैं कि जब आप स्वयं के मूल्यांकन की एक नियमित आदत डाल लेंगे तो आपसे दिन-प्रतिदिन गलतियाँ कम होने लगेंगी और परिणामस्वरूप आपकी चिंता भी दिन-प्रतिदिन बहुत कम होने लगेगी।

स्ट्रेस मैनेजमेंट से जुड़ी अमल योग्य उपयोगी बातें :

- आज ही एक डायरी खरीदें और रात में एक निश्चित समय निर्धारित करिए जब आप अपने चिंता के कारणों का मूल्यांकन करेंगे।
- कहते हैं ज्ञान को बांटने से ज्ञान बढ़ता है आज ही अपने किसी मित्र या शुभचिंतक को "दिन-प्रतिदिन और भी बेहतर बनें" फॉर्मूला बताएँ।

❖

अध्याय 9

गुस्सा आने पर ये करना समझदारी होगी

"चिंता मत करिए, अपना सर्वोत्तम करिए और भूल जाइए।"

-राजल"

क्या आप भी अक्सर गुस्से में आ जाते हैं और गुस्से के दौरान लोगों को भला-बुरा कह देते हैं और कई बार तो किसी बेगुनाह पर भी आपका गुस्सा उतर जाता है और बाद में आपको पछतावा होता है कि मुझे ऐसा नहीं कहना या करना चाहिए था और इस बात के लिए आप चिंता में आ जाते हैं।

गुस्सा भी हमारे दैनिक जीवन का हिस्सा है। हमें गुस्से से बचना आना ही चाहिए। अपने गुस्से से भी और दूसरों के गुस्से से भी। अक्सर गुस्से के कारण हमारे संबंध खराब हो जाते हैं और कई बार स्थाई रूप से। ऐसा क्या किया जाए कि हमें गुस्सा ही ना आए? इसके बारे में तो मेरे पास बहुत जानकारी नहीं हैं। हाँ, मैं यह अवश्य बता सकता हूँ कि जब गुस्सा आए तो हम क्या कर सकते हैं।

- सबसे पहली बात जब गुस्सा आए तो कोशिश करिए की घर के किसी ऐसे कोने में या किसी ऐसी दूसरी जगह पर चले जाएं जहां आपके गुस्से का शिकार कोई ना हो पाए।
- दूसरा जब भी आपको गुस्सा आए कोशिश करिए की आप कम से कम बोलें क्योंकि संभावनाएं ज्यादा है कि आप गुस्से में जितनी बार भी मुंह खोलेंगे उतनी बार आपके मुंह से ज्वालामुखी ही फटेगा।
- तीसरा खुद से सकारात्मक आत्म चर्चा करिए खुद को याद दिलाइये की सामने वाला व्यक्ति आपकी तरह समझदार नहीं है और यदि आप गुस्सा करेंगे तो आप भी उसी के स्तर पर आ जाएंगे और इससे आपके और उसके बीच कोई फर्क नहीं रह जाएगा।
- चौथा जब भी आपको गुस्सा लगे तो एक कागज लेकर अपने गुस्से का कारण पूरे विस्तार से उस कागज पर लिख डालें इससे होता यह है कि जब आप विस्तार से लिखते हैं तो अच्छा खासा समय बीत जाता है और संभावना ज्यादा है कि तब तक आपके गुस्से की हवा निकल जाए और तब तक आप शांत हो जाएं और दूसरा यह की आप जब अपने गुस्से को कागज पर लिखते हैं तो एक प्रकार से अपनी भड़ास निकाल रहे होते हैं और इससे भी आपको बहुत राहत पहुंचती है।
- पांचवा राहत पहुंचाने वाला तरीका है कि आप संगीत का आनंद लें या किसी मनोरंजक फिल्म का आनंद लें।

अब आते हैं दूसरे पहलू पर क्या करें अगर सामने वाला व्यक्ति क्रोधित हो :

- सबसे पहली बात क्रोधित व्यक्ति को समझाने से बचें विशेषकर उस वक्त जब वह क्रोधित हो क्योंकि जब व्यक्ति क्रोधित हो तो अच्छे से अच्छी बात भी समझ में नहीं आती है।
- दूसरी बात क्रोधित व्यक्ति के पास कम से कम जाएं या कम देर रुकें क्योंकि क्रोधित व्यक्ति के पास फटकने से आपकी उसके द्वारा शिकार हो जाने की संभावना बढ़ जाती है।
- तीसरी बात कोई शोर या कोई ऐसी गतिविधि ना करें जिससे कि क्रोधित व्यक्ति का क्रोध और भी ज्यादा बढ़ जाए।

- चौथी बात अगर बाहर से कोई व्यक्ति घर में आ रहा हो जिसे क्रोध के बारे में न पता हो तो उसे पहले ही सचेत कर दें की वो भी अभी दूर ही रहे तो अच्छा है।
- पाँचवी बात अगर क्रोधित व्यक्ति से आप बच न पाए और उसने आपको पकड़ के अपनी भड़ास निकालनी शुरू कर दी है तो बीच में कुछ भी न बोलें क्योंकि आप जितना तर्क करेंगे वो और ज्यादा भड़ास निकालेगा।

तो ये थे अपने और दूसरों के गुस्से से बचने के कुछ विचार। इन्हे आजमाएँ और देखे कौन से विचार आपके लिए कारगर है।

स्ट्रेस मैनेजमेंट से जुड़ी अमल योग्य उपयोगी बातें :

- महात्मा बुद्ध ने कहा है कि गुस्सा करना यानी अपने हाथों से जलते हुए कोयले को उठाने के समान है। महात्मा बुद्ध हमें सरल शब्दों में समझाना चाह रहे थे कि गुस्सा कितना खतरनाक होता है इसलिए इससे बचें।
- किसी महान आदमी ने कहा है कि गुस्से में पागल व्यक्ति जहर से भरा होता है यानी कि वह कुछ भी कह या कर सकता है इसलिए लोगों को बेवजह गुस्सा मत दिलाये खुद भी खुश रहिए और दूसरों के अंदर भी खुशियों का संचार करिए गुस्से का नहीं।
- हमेशा याद रखिए ज्यादातर लोग दिल के अच्छे होते हैं, वे परेशान हैं, चिंतित हैं इसलिए कभी-कभी हम इन लोगों के गुस्से का शिकार हो जाते हैं इसलिए बेहतर होगा कि हम गुस्से से बचने की इन विधियों को अमल में लाकर उनके गुस्से से बचें।
- किसी भी नई चीज को सीखने में काफी प्रयासों की आवश्यकता होती है। अपने गुस्से को नियंत्रित करने और दूसरे के गुस्से से बचने के लिए भी काफी प्रयासों की आवश्यकता होगी।

❖

अध्याय 10

कोई पैदाइशी सफल नहीं होता

*"काम शुरू करने के लिए आपको महान होने की आवश्यकता नहीं है पर महान होने के लिए आपका काम शुरू करना आवश्यक है। **-जिग जिगलर"***

मेरे एक करीबी मित्र के घर में शादी थी और शादी के दिन उसने शादी में आए मेहमानों से मेरा परिचय कराना शुरू किया। कई लोगों से परिचय कराने के बाद उसने मेरा परिचय एक दुबले पतले लड़के से कराया और पूछा पहचाना इसे, मैंने कहा कि "नहीं", उसने बताया कि मेरी बुआ का लड़का है और इस साल उसने इंजीनियरिंग की पढ़ाई पूरी करके बतौर सॉफ्टवेयर इंजीनियर एक मल्टीनेशनल कम्पनी ने नियुक्त हुआ है। मैंने अपने मित्र से पूछा कि क्या ये वही बच्चा है जो xyz अस्पताल में जन्मा था जिसे देखने हम सभी मित्र देखने गए थे। मेरे मित्र ने उत्साह से कहा कि "हाँ! ये वही बच्चा है।

समय कितनी तेजी से बीत जाता है ये तो कितनी सही बात है पर एक और बात भी बिलकुल सही है कि कोई भी बच्चा लड़का या लड़की के

रूप में पैदा होता है, डॉक्टर, इंजीनियर, वकील या उद्यमी के रूप में नहीं। पैदा होने के बाद हम क्या सीखते हैं और क्या करते हैं इसी से हमारा भविष्य निर्धारित होता है।

इस संसार का सबसे महान नियम है बोने और काटने का नियम। इसे कारण और परिणाम का नियम भी कहा जाता है यानी कोई भी चीज बिना किसी कारण के नहीं होती। अगर आप किसी प्रकार का परिणाम उत्पन्न करना चाहते हैं तो आपको उस परिणाम को उत्पन्न करने वाले कारणों पर काम करना होगा।

इसका एक बहुत अच्छा उदाहरण है खेती। किसान फसल बोने के पहले भूमि को तैयार करता है, बीज को बोता है, नियमित रूप से खाद पानी देता है, कीड़े-मकौड़ों से बचाता है, और वह सिर्फ एक दिन नहीं करता बल्कि नियमित रूप से करता है और ये सभी "कारण" हैं और जब किसान ये सभी "कारणों" पर काम करता है तो फसल रूपी "परिणाम" उत्पन्न होती है।

अब आपसे एक प्रश्न क्या किसान अगर "कारण" पर काम नहीं करता तो क्या उसको "परिणाम" रूपी फसल प्राप्त होती? जवाब है बिलकुल "नहीं।"

यदि कोई व्यक्ति अपने जीवन में डॉक्टर रूपी "परिणाम" चाहता है तो उसे ऐसे "कारण" जैसे कि कक्षा 12 तक बायोलोजी की पढ़ाई और उसके बाद एम.बी.बी.एस. की पढ़ाई रूपी बीज बोने होंगे तभी उसे डॉक्टर की डिग्री रूपी "परिणाम" या फसल प्राप्त होगी। क्या यह आसान होगा? बिलकुल नहीं, क्योंकि जीवन में ज्यादातर अच्छी चीजें मुश्किल से मिलती है।

ऐसे ही आपके मन में जो भी हो कि आप क्या बनना और करना चाहते हैं तो एक कागज ले की आपको किन "कारणों" की फसल पर नियमित रूप से काम करना होगा ताकि आपको उस "परिणाम" की फसल प्राप्त हो सकें।

इसलिए एक बात तो स्पष्ट है जन्म के समय पर हम सभी लोग एक कोरे स्लेट की तरह होते हैं जिस पर चाहे जो भी लिखा जा सकता है। प्रारम्भ में तो हमारे अभिभावक हमारे इस स्लेट पर अधिकांश चीजें लिखते हैं और

बाद में जब हम थोड़े बड़े हो जाते हैं तो यह हमारे ऊपर निर्भर करता है कि हम इस स्लेट पर क्या लिखते हैं या दूसरों को लिखने की अनुमति देते हैं।

इस उदाहरण को साझा करने का बस एक ही उद्देश्य है कि ऐसे लोग जो यह सोचते हैं कि कोई व्यक्ति विशेष प्रतिभा के साथ पैदा हुआ था इसलिए वह सफल है या जीवन में आगे है तो इस भ्रम को तुरंत मन से निकाल दें क्योंकि ज्यादातर बच्चे एक ही जैसी बौधिक क्षमता के साथ जन्म लेते हैं। फर्क सिर्फ इस बात से पड़ता है कि वे क्या सीखने और करने का निर्णय लेते हैं। क्योंकि अब आप ये बात जान गये हैं इसलिए अब से इस बात का चिंता न लें कि सामने वाला व्यक्ति कितना भाग्यशाली है बल्कि इस बात का पता लगाएँ कि सामने वाले व्यक्ति ने क्या सीखा और क्या किया जिससे वह इतनी ऊँचाइयों तक पहुँच पाया।

स्ट्रेस मैनेजमेंट से जुड़ी अमल योग्य उपयोगी बातें :

- जब भी आपके सामने कोई व्यक्ति ये कहे कि "वो कितना भाग्यशाली है" तो इस बात पर चिंता करने के बजाए इस बात का पता लगाएं की उस व्यक्ति ने अपना भाग्य जगाने के लिए क्या-क्या सीखा और क्या-क्या किया?
- भाग्य से ज्यादा अपने कर्म पर विश्वास रखें, एक महान आदमी के इस वाक्य को हमेशा याद रखिए "मैं जितनी मेहनत करता हूँ, मैं उतना ही ज्यादा भाग्यशाली बन जाता हूँ।"

❖

अध्याय 11

चिंता को नियंत्रण में रखने के लिए सीमाएँ निर्धारित करिए

"मैं अपनी सीमाओं का सम्मान करती हूँ और मैं चाहूँगी की दूसरे भी ऐसा ही करें।" **-लूइस एल हे**

मेरे बाउजी यानी दादा जी बहुत सिद्धांतवादी थे और वे किसी भी सूरत में अपने सिद्धांतों से समझौता नहीं करते थे। और शायद यही कारण था कि उन्होंने हमारे घड़ी के कारोबार को हमारे शहर में शून्य से शिखर तक पहुंचाया था। वे अपने मजबूत पहलू भी जानते थे और कमजोर पहलू भी इसलिए उन्होंने अपने लिए कई सीमाएं निर्धारित की थी ताकि वे चिंता मुक्त रह सकें और इस अध्याय में मैं आपके साथ उनके द्वारा निर्धारित 2 सीमाएं साझा करूंगा।

सीमा से मेरा मतलब है जैसे बांध की सीमा से पानी आगे नहीं निकल सकता या जैसे हम अपने देश की सीमा को पार करके किसी दूसरे देश की सीमा में नहीं घुस सकते वैसे ही दादाजी ने अपनी कुछ सीमाएं बनाई थी

इसलिए उनका इस सीमा से बाहर निकलने का कोई प्रश्न नहीं उठता था। सरल शब्दों में "चाहे कुछ भी हो जाए मैं इसे नहीं करूंगा।"

तो चलिये आइये देखते हैं क्या थी वो दो सीमाएं जिन्हें दादाजी ने अपने व्यापार में निर्धारित किया और इस वजह से सदैव व्यापार की अधिकांश समस्याओं से चिंतामुक्त रहे। उन्होंने पहली सीमा यह निर्धारित की थी कि वे कोई भी माल उधार नहीं खरीदते थे उनका कहना था कि जब हम माल उधार खरीदते हैं तो हम अपने ऊपर अनावश्यक दबाव बना लेते हैं और अगर किसी कारणवश समय पर भुगतान न कर पाएँ तो न सिर्फ उनकी विश्वसनीयता कम होगी बल्कि खुद की निगाह में उनका आत्मसम्मान भी कम होगा और इसी प्रकार उन्होंने दूसरी सीमा यह बनाई थी कि वे थोक या होलसेल में सामान नहीं बेचते थे। उनका कहना था कि थोक में सामान बेचने में सबसे ज्यादा समस्या यह आती है कि उधार बांटना पड़ता है और उधार वसूलने में न सिर्फ समय बर्बाद होता है बल्कि संबंध भी खराब होते हैं।

दादाजी से मैं जब इन सीमाओं के बारे में पूछता था कि दादाजी, और लोग भी माल उधार खरीदते हैं और होलसेल भी करते हैं अब समय बदल गया है हमें भी यह करना चाहिए पर उन्होंने कहा कि "बेटा, छोटे लालच से बचना चाहिए और दूर का सोचना चाहिए। अगर मैंने ये सीमाएं नहीं निर्धारित की होती तो शायद मैं यहाँ तक नहीं पहुंचता। दूसरे लोग क्या कर रहें हैं इससे ज्यादा महत्त्वपूर्ण हैं कि हम खुद को जाने और उस हिसाब से काम करें।"

और मैंने भी बहुत सारी सीमाएं बनाई है ताकि मैं सदैव चिंता मुक्त रह सकूँ और निर्णय लेते समय मैं कभी दुविधा में ना पड़ूँ। इनमे से कुछ सीमाओं को मैं आपसे साझा करना चाहूँगा। मैंने अपने पूर्वजों की तरह यह सीमा बना ली है कि मैं कभी अंडा-मीट-मांस, शराब-नशा से हमेशा दूर रहूँगा और इस सीमा के बारे में मेरे सभी मित्र और संबंधी जानते हैं और मेरी इस सीमा का सम्मान करते हैं।

ऐसे ही मैंने एक सीमा बना ली है कि मैं दूसरों से प्रतियोगिता के चक्कर में अपना दिमाग खराब नहीं करता। मैं खुद से प्रतियोगिता करता हूँ और नियमित रूप से मूल्यांकन करता हूँ कि मैं खुद को कैसे सुधार सकता हूँ।

मैंने एक और सीमा यह बना ली है कि रात 10 बजे के पहले हर हाल में घर पहुँच जाऊँ (कभी-किसी विशेष कार्यक्रम जैसे अपने किसी खास की शादी इत्यादि में यह संभव नहीं हो पाता और बाकी हर स्थिति में मैं अपनी इस सीमा पर सदैव कायम रहता हूँ)।

क्या चिंता से बचने के लिए आपने अपनी कोई सीमा बनाई है, अगर नहीं तो बनाइये। हो सकता है, यह खर्च के मामले में हो। उदाहरण के तौर पर बहुत से लोग दिखावे की दुनिया में रहते हैं। जब उनका कोई पड़ोसी या मित्र कोई कार खरीद लेता है तो वे कार खरीदने में उनसे पीछे क्यों रहे और वे उनसे भी बड़ी और बेहतर कार खरीद लेते हैं। उस समय उन्हें तात्कालिक खुशी और संतुष्टि मिलती है पर इससे उन्हें लंबे समय तक बैंक से लिया हुआ लोन और ब्याज चुकाना पड़ता है। जिसका उन्हें बाद में पछतावा होता है। यह स्थिति कभी नहीं आती यदि उन्होंने अपनी एक सीमा निर्धारित की होती।

स्ट्रेस मैनेजमेंट से जुड़ी अमल योग्य उपयोगी बातें :

- सबसे पहले खुद का आकलन करें और चिंता से बचने के लिए अपनी कुछ सीमाएं खींचें, जिन्हें आप कभी पार नहीं करेंगे, यह उधार माल ना खरीदना हो सकता है या एक सीमा से अधिक न खर्च करने का वचन हो सकता है।
- अपने घर के किसी बड़े बुजुर्ग से पूछिये की क्या उन्होंने भी अपने जीवन में कोई सीमाएं निर्धारित की थीं जिनको उन्होंने आज तक पार नहीं किया, वे जो भी उत्तर दें उस पर विचार करें कि क्या आपको भी ऐसी कोई सीमा, अपने जीवन में निर्धारित करनी चाहिए।

❖

अध्याय 12

लचीले बने

*"अपने लक्ष्यों पर अडिग रहें लेकिन उन्हें प्राप्त करने के तरीकों के बारे में लचीले रहें।" -**राजल***

मैंने एक बार कहीं पढ़ा था कि तूफानों में सिर्फ वही पेड़ बच पाते हैं जो हवाओं के अनुसार खुद को झुका लेते हैं और वो पेड़ नहीं बच पाते जो तूफान आने पर अकड़ के खड़े रहते हैं। इसी प्रकार पानी भी है जो जैसा बर्तन होता है वैसा ही आकार ले लेता है। लचीले बनने का सबसे अच्छा उदाहरण मुझे एक टायर की कंपनी से सीखने को मिला, जिसने सबसे पहले तो शहर की सड़कों के हिसाब से टायर बनाए। शहर में तो टायर सफल हुए पर पथरीली सड़कों पर यह सफल नहीं हुए। इसलिए कंपनी ने पथरीले सड़कों के लिए एक अलग तरह का टायर निकाला इस बार भी समस्या यही थी कि पथरीली सड़कों पर टायर सफल हुए पर गड्ढे वाली सड़कों पर यह सफल नहीं हुए। जब कंपनी ने गड्ढो वाली सड़कों के लिए टायर निकाला तो वो टायर भी गड्ढों वाली सड़क के लिए अच्छे रहे पर अन्य तरह की रोड पर फिर समस्याएँ आने लगी।

अब कंपनी परेशान थी उसने अपनी पूरी रिसर्च टीम को बुलाया की इसका क्या हल हो सकता है। ज्यादातर लोगों के पास कोई दमदार उत्तर नहीं था पर उस मीटिंग में एक युवा खड़ा हुआ और आत्मविश्वास के साथ बोला क्यों ना हम एक ऐसा टायर बनाए जो कि जैसी भी रोड हो उसके हिसाब से ढल जाए यानी कि उसके अंदर सपाट, गड्ढे, पथरीले सभी प्रकार के रोड पर चलने की क्षमता हो। कंपनी के प्रेसिडेंट ने पूछा क्या ऐसा किया जा सकता है तो उसने कहा, हाँ ऐसा किया जा सकता है पर इसके शोध के लिए काफी धन और एक साल के समय की आवश्यकता होगी। प्रेसिडेंट ने स्वीकृति प्रदान की और एक साल बाद आखिरकार एक ऐसा लचीला टायर बन गया जो अपने आपको सभी तरह की सड़कों के हिसाब से ढाल सकता था। इस टायर का उदाहरण देने के पीछे मेरा उद्देश्य यह था कि ज्यादातर लोग यही मानते हैं कि संसार के सभी लोग उन्हीं के जैसे हैं और वे दूसरों को अपने जैसा बनाने की कोशिश करने की बहुत बड़ी गलती करते हैं जो कि बिलकुल भी संभव नहीं है। ऐसा सोचने और करने की वजह से उन्हें जबर्दस्त चिंता होती है इस चिंता से बचने के लिए यह दो नियम याद रखें "लोग तभी बदलते हैं जब वो खुद बदलना चाहते हैं" और दूसरा जैसे महात्मा गांधी ने कहा था कि "हम स्वयं वह परिवर्तन करें जो हम दूसरों में देखना चाहते हैं।" सरल शब्दों में किसी दूसरे को उपदेश देने से पहले खुद की जांच करें कि क्या आप उन बातों को खुद अमल में लाते हैं या नहीं।

एक बार दूसरों को बदलने की कोशिश करने में एक पूरी तरह से असफल इंसान ने कहा था "मैं पूरे संसार को बदलने चला था जिसमें मैं पूरी तरह से असफल हो गया, बेहतर तो यह होता कि सबसे पहले मैं खुद को बदलता, हो सकता है मेरे अंदर एक अच्छा परिवर्तन देखकर मेरे परिवार वाले बदल जाते और परिवार वालों के अंदर इस चमत्कारिक परिवर्तन को देखकर मेरा मुहल्ला बदल जाता और मुहल्ले के इस नाटकीय परिवर्तन को देखकर मेरा शहर बदल जाता और मेरे शहर के इस सकारात्मक बदलाव को देखकर मेरा पूरा देश बदल जाता और मेरे देश के इस आदर्श बदलाव को देखकर यह पूरा संसार बदल जाता।"

स्ट्रेस मैनेजमेंट से जुड़ी अमल योग्य उपयोगी बातें :

- वर्ष 2011 में मैंने एक वेबसाइट बनाई थी www.govegetarian.in और इसका उद्देश्य लोगों को 100 प्रतिशत शाकाहारी बनाना था। इस वेबसाइट में मैं लोगों को जोड़ने पर बहुत ज्यादा जोर दे रहा था इस वजह से बहुत से लोग नाराज हुए और कुछ से मेरे संबंध भी खराब हुए। जो लोग इस वेबसाइट पर रेजिस्टर भी हुए उन्हें भी मैंने सड़क पर ऑमलेट खाते हुए देखा इस घटना को देखकर मुझे बहुत निराशा हुई और मैंने वेबसाइट को तुरंत बंद कर दिया। तो कुल मिलाकर लोगों को जबर्दस्ती बदलने की कोशिश न करें लोग तभी बदलते हैं जब वे बदलना चाहते हैं।
- मैंने एक बहुत ही प्रसन्न और ऊर्जावान बुजुर्ग आदमी को देखा और मैंने देखा कि वह चाहे बच्चा हो या जवान या बूढ़ा सभी से बहुत ही अच्छा तालमेल बैठा लेते थे। मैंने उस बुजुर्ग व्यक्ति से इसका रहस्य जानना चाहा उस बुजुर्ग ने इसका बहुत ही सरल सा रहस्य बताया। उन्होंने बताया कि जब मैं किसी 12 साल के बच्चे से मिलता हूँ तो मैं सोचता हूँ कि जब मैं 12 साल का था तो मैं कैसा था और कैसे व्यवहार करता था और उसके बाद मैं उससे वैसा ही व्यवहार करता हूँ जैसा मैं 12 साल की उम्र में करता था और इसी प्रकार मैं अलग-अलग आयु वर्ग के लोगों से व्यवहार करने से पहले सोच लेता हूँ कि जब मैं भी उनकी उम्र का था तो मैं कैसा था और मैं कैसे व्यवहार करता था यह याद करने के बाद मैं उनसे उसी अनुरूप व्यवहार करता हूँ और यही मेरी सफलता का रहस्य है। इसलिए लोगों से व्यवहार करते समय उनके नजरिये से भी सोचें।

❖

अध्याय 13

डुप्लीकेट नहीं ओरिजनल बनें

"आप ओरिजनल पैदा हुए थे किसी की नकल बनकर मत मरिये।" ***–जॉन मेसन***

संसार के एक बहुत ही समृद्ध देश में बहुत पहले की बात है जहां एक कलाकार रहा करता था और पेंटिंग बनाया करता था पर वह अपनी पेंटिंग किसी को दिखाता नहीं था क्योंकि उसे डर था कि कहीं कोई उसकी पेंटिंग की आलोचना न कर दें और इसलिए अपनी आजीविका चलाने के लिए कुछ छोटे-मोटे काम किया करता था पर इसके बाद भी उसका खर्चा चल नहीं पाता था क्योंकि उसके पास कलाकारी का हुनर था इसलिए उसने ऐसे नोट पेंट करने की योजना बनाई जो बिलकुल असली जैसे दिखते हों और उसे बनाने में वह सफल भी रहा और अनेकों बार उसने इन नकली नोटों के बदले में खरीदारी भी की पर एक बार वह एक सब्जी वाले से सब्जी खरीद रहा था, सब्जी खरीदने के बाद उसने सब्जी वाले को पैसे दिये पर सब्जी वाले के हाथ गीले थे और इस कारण उस नोट का रंग छूटने लगा। सब्जी वाले ने दूसरे नोट की मांग की और इस बार भी वही कहानी थी।

सब्जी वाले ने उसे स्थानीय पुलिस के हवाले कर दिया और कई सालों के कारावास के पश्चात उसकी मृत्यु हो गयी। उसकी मृत्यु के बाद उसके घर को खोला गया और उसकी बनाई गई पेंटिंग को नीलाम किया गया और उसकी बनाई गयी एक-एक पेंटिंग लाखों में बिकी। आश्चर्य की बात यह है कि उसे 5-10 रुपए के नोट को बनाने में ही उतना समय लगता था जितना कि अपनी एक पेंटिंग बनाने को।

यह दुख भरी कहानी हमें स्पष्ट रूप से समझाती है कि हम अपनी क्षमताओं और योग्यताओं को पहचानने और उनका बेहतर इस्तेमाल करें बजाए किसी और के जैसा बनने या किसी और की नकल करने की कोशिश करते हैं।

अब आते हैं मुद्दे की तरफ संसार में बहुत सारे लोगों को इस वजह से चिंता होती है कि वो अपने नहीं किसी और के जैसा बनना चाहते हैं। मैं कहना यह चाहता हूँ कि असली चीज हमेशा असली रहती है और नकली हमेशा नकली। आप कोई सामान भी अगर खरीदने जाएँ और अगर आपको संदेह हो जाए की यह नकली है तो आप उसे नहीं खरीदते और आप असली सामान खरीदने के लिए अधिक क़ीमत देने को भी तैयार रहते हैं।

पर समस्या यह है कि ज्यादातर लोग अपने जैसा नहीं किसी दूसरे के जैसा बनना चाहते हैं। अपनी पहचान बनाने के बजाए वे किसी दूसरे की पहचान के नीचे दबना चाहते हैं। वे दिखावा करते हैं और वो बनने का नाटक करते हैं जो वे नहीं हैं और न कभी बन सकते हैं।

अगर आप भारत में रहते हैं तो आपने आधार कार्ड तो बनवाया ही होगा और जब आधार कार्ड बनवाने गए थे तो आपकी उँगलियों के निशान भी लिए गए थे। और इसके पीछे वजह यह है कि इस संसार में आपके जैसे उँगलियों के निशान वाला कोई दूसरा व्यक्ति नहीं है। कल्पना करिए लाखों-करोड़ों-अरबों की आबादी वाले इस संसार में आपके जैसे उँगलियों के निशान वाला कोई दूसरा नहीं है अगर ऐसी बात है तो इससे स्पष्ट होता है कि प्रभु ने आपको बिलकुल अलग और अनोखा बनाया है। आपकी विशेषताएँ दूसरों की विशेषताओं से अलग हैं और हमारा यह कर्तव्य है कि हम उन विशेषताओं को पहचाने और उन्हें निखारें। पर बहुत कम लोग ऐसा करते हैं।

बहुत से सफल फिल्मी कलाकारों के नकल करने वाले अभिनेता जिन्हें हम डूप्लीकेट भी कहते हैं, अपना पूरा जीवन उनकी नकल करने में बिता देते हैं संभव हैं उन्हें लोगों की तालियाँ तो मिल जाएँ पर वे लोग उतना सम्मान उतना पैसा और उतनी ख्याति नहीं प्राप्त कर पाते जितना कि वे तब पाते अगर वे अपने असली स्वरूप में रहते और अपनी खुद की पहचान बनाते।

इस बात को संसार के सबसे महान अभिनेताओं में से एक, जिन्हें हम चार्ली चौपलिन के नाम से जानते हैं। उन्होंने अपने एक इंटरव्यू में बताया था कि वे अपने करियर में तब तक सफल नहीं हुए जब तक उन्होंने उस दौर के महान जर्मन कलाकार की नकल करना नहीं छोड़ा, जिस दिन से मैंने उनकी नकल करना छोड़ के अपना असली काम करना शुरू किया उस दिन से ही मुझे चमत्कारिक रूप से सफलता मिलनी शुरू हो गयी।

एक बहुत बड़ी कंपनी के प्रेसिडेंट बताते हैं कि हमारी कंपनी में लोगों को नौकरी पर रखते वक्त समस्या यह आती है कि ज्यादातर लोग अपने बायो डाटा/Resume में हमें प्रभावित करने के लिए ऐसी बातें लिखते हैं जो वे हैं नहीं। वे यहाँ आते हैं और हमें अपने बनावटीपन से प्रभावित करने की कोशिश करते हैं पर हमें नकली या बनावटी लोगों की नहीं असली लोगों की जरूरत है और हमारी कंपनी की सफलता का राज यही है कि हमने बनावटी लोगों को दूर हटाया और असली लोगों को नौकरी पर रखा।

स्ट्रेस मैनेजमेंट से जुड़ी अमल योग्य उपयोगी बातें :

- क्या आपने कोई प्राकृतिक दृश्य जैसे पहाड़, नदिया टीवी या मोबाइल पर देखा है? बिलकुल देखा होगा अब एक काम करें आप उसी पहाड़ या नदी को व्यक्तिगत रूप से जाकर देखें क्या आपको वैसा ही लगा, क्या आपने वैसा ही महसूस किया जैसा आपने टीवी पर देखने पर किया था। बिलकुल वैसा ही अंतर होता है असली और नकली में।
- क्या आपने किसी छोटे बच्चे को देखा है बिलकुल देखा होगा वे कितने अच्छे लगते हैं। चाहे बच्चा किसी का भी हो हमारा मन करता हैं कि हम उस बच्चे के पास जाए और अपना सारा प्यार उन पर उड़ेल दें। आखिर इसके पीछे कारण क्या है सबसे बड़ा कारण है कि वे अपने असली स्वरूप में रहते हैं वे खुल कर मुस्कुराते हैं खुल कर बाते करते

हैं वे जो भी करते हैं खुल कर करते हैं। जैसे-जैसे हम बड़े होते हैं हम नकली बनने लगते हैं। इसलिए अपने साथ सहज रहें और नकली बनना बंद करें।

- किसी ज्वेलरी की दुकान पर जाएँ और सोने से बनी किसी सुंदर ज्वेलरी को पसंद करें और उसके बाद दुकानदार से कहें कि वो इसी प्रकार की या हूबहू इसी में की आर्टिफिश्यल ज्वेलरी आपको दिखाए अब दोनों के दामों में तुलना करें उसके बाद अब आप तय करें कि आप अपना मूल्य आर्टिफिश्यल ज्वेलरी का रखेंगे या ओरिजनल ज्वेलरी का।

❖

अध्याय 14

आपका रिमोट कंट्रोल आपके हाथ में

"अपने भाग्य को स्वयं निर्धारित करिए नहीं तो आपका भाग्य कोई और निर्धारित करेगा।" **-जैक वेल्च**

मुझे लगता है बचपन में आपने भी स्कूल में या घर में कभी न कभी डांट जरूर खाई होगी मैंने तो बहुत खाई है और घर पर भी मुझे बहुत डांट पड़ती थी।

स्कूल में जितने साल भी मैं पढ़ा अगर कोई टीचर मुझे डांट देते थे तो मैं चुपचाप उनकी बात सुन लेता था और अगर कोई सजा भी देते थे तो बिना कुछ कहे उनके आदेश का पालन करता था। अगर हमारे टीचर क्लास में मुझसे कोई काम करने को कहते थे तो मैं कर देता था पर यही सभी चीजें अगर घर का कोई सदस्य मुझसे करने को कहता तो शायद परिणाम कुछ और होते।

यदि घर पर मुझे कोई डांट देता तो शायद मैं शांति से नहीं सुनता, मैं कोई तर्क देता कि गलती मेरी नहीं, मेरी बहन की है या कोई और तर्क।

यदि वे कोई सजा देते तो शायद मैं इसका विरोध करता। अगर किसी काम को करने से मना किया जाता तो उसका कारण जानने की जिद्द करता और कई बार तो उस मना किए हुए काम को भी कर देता था।

आखिर इतना फर्क क्यों? आखिर क्यों मैंने एक जैसी दो बातों के लिए अलग-अलग 'प्रतिक्रिया' दी? मैंने इस पर बहुत समय तक विचार किया और मैं जिस निष्कर्ष पर पहुंचा उस पर मुझे बहुत खुशी हुई और मैंने सोचा कि काश मुझे यह बात बचपन में समझ में आ गई होती।

"हमारे साथ जो होता है उसे हम नियंत्रित नहीं कर सकते पर जो भी हुआ उस पर हम क्या प्रतिक्रिया देंगे यह पूरी तरह से हमारे हाथ में हैं।" स्कूल में, मैं यदि चाहता तो टीचर से भी उसी तरह लड़ सकता था, तर्क दे सकता था (सभी गुरुजनों के प्रति सम्मान के साथ मैं बताना चाहूँगा कि ये सिर्फ समझाने के लिए काल्पनिक उदाहरण है कि हमारे दिमाग का नियंत्रण हमारे पास है), जैसे मैंने घर पर किया और घर पर मैं उसी तरह से बिना कोई प्रश्न किए पूरी तरह से आज्ञा पालन कर सकता था, जैसे मैंने स्कूल में किया। सरल शब्दों में, मेरा दिमाग का पूरा रिमोट कंट्रोल मेरे पास है। मैं जो चाहूँ वो बटन दबाऊँ और प्रतिक्रिया उसी हिसाब से होगी और मुझे लगता है कि प्रभु का यह दिया हुआ वरदान हमें जानवरों से अलग करता है। जानवर के पास प्रतिक्रिया चुनने की इतनी बड़ी स्वतंत्रता नहीं होती। वे सिर्फ अपनी आदतन स्वभाव से बंधे होते हैं। बिल्कुल उसी तरह जैसे एक हाथी का बच्चा जब पैदा होता है तो उसे एक रस्सी से बांध देते हैं, वह छोटा हाथी रस्सी को खींचने की और स्वतंत्र होने की बहुत बार कोशिश करता है और असफल हो जाता है। वह थक-हार कर यह मान लेता है कि अब वह कभी रस्सी नहीं तोड़ पाएगा, समय बीतता है, वह बड़ा होता है, उसका आकार और उसकी शक्ति भी कई गुना बढ़ जाती है, पर उसका विश्वास अब भी वही है कि क्योंकि मैंने पहले कोशिश की थी और मैं असफल हो गया था तो कोशिश करने से क्या फायदा?

वह जानवर है, वह अपनी आदतन प्रतिक्रिया को नहीं बदल सकता, पर हम तो मनुष्य हैं, उम्र बढ़ने के साथ हमारी ताकत और हमारी बुद्धि में तो वृद्धि होनी ही चाहिए। साथ ही साथ हमारा हर तरह की परिस्थिति पर प्रतिक्रिया करने का चुनाव भी बेहतर होना चाहिए। मैंने कई बार क्रिकेट मैच

में देखा है कि गेंदबाज बल्लेबाज को कुछ अपशब्द बोलकर या इशारे करके उकसाते हैं ताकि वह गुस्से की स्वाभाविक आदतन प्रतिक्रिया में आ जाए और गुस्से में कोई गलत शॉट खेल दें और आउट हो जाएँ। यह प्रतिक्रिया बिल्कुल वैसी ही है जैसे एक सांड़ को लाल रंग का कपड़ा दिखा कर उसका खून खौलाया जाए जब वह खूब तेज गति से उस कपड़े की तरफ दौड़े तो कपड़ा हटा दिया जाए और वह सीमेंट से बनी दीवार से लड़कर धराशायी हो जाए। मैं भी जीवन में कई बार ऐसे ही उकसाने वाले लोगों से मिलता हूँ, कठिन होता है शांति से निपटना पर मैं खुद को याद दिलाता हूँ कि यदि कोई जानवर, उदाहरण के लिए पागल कुत्ता आपको काट ले तो कम-से-कम आप उस कुत्ते को जाकर नहीं काटेंगे, बल्कि अपना ईलाज करायेगें। इसलिए बेहतर है कि आप नकारात्मक लोग से दूर रहें, आप तो ईश्वर की बनाई हुई शानदार कलाकृति हैं। इसलिए आप समझदारी दिखायें। अंग्रेजी के शब्द "Responsibility" को मैं अगर लूँ तो इसका शायद हिन्दी में अर्थ होगा 'जिम्मेदारी' तो मैं चाहूँगा कि मैं और आप अपने जीवन की हर परिस्थिति पर अपनी प्रतिक्रिया चुनने की जिम्मेदारी लें।

मैंने पाया है कि गरम दिमाग की अपेक्षा ठंडा दिमाग हमेशा बेहतर काम करता है। इसलिए हर परिस्थिति में समझदारी दिखायें।

स्ट्रेस मैनेजमेंट से जुड़ी अमल योग्य उपयोगी बातें :

- क्या आपने भी कभी किसी काम को पहले एक बार किया था और उसमें असफल हो गए थे और असफलता के डर से आपने दोबारा उसे करने की कोशिश ही नहीं की, यदि ऐसा है तो अपनी उस असफलता के कारणों का दोबारा आकलन करें और इस बार समझदारी के साथ कोशिश करें।
- अबसे जब भी आपको कोई उकसाए तो याद रखिए की आप सांड़ नहीं हैं जो लाल रंग के कपड़े को देखकर दौड़ने लगेंगे।

❖

NO EXPECTATION

NO DISAPPOINTMENT

अध्याय 15

लोगों से कृतज्ञता की उम्मीद करेंगे तो आप पागल हो जाएंगे

"दयालुता से किया गया कोई भी कार्य, भले ही वह कितना भी छोटा हो, वह कभी बेकार नहीं जाता।" ***-एसप***

एक दिन मैंने इंटरनेट पर संसार के एक महान जज के बारे में पढ़ा जो कि बहुत उदार थे उन्होंने अपने कार्यकाल में 90 लोगों को जीवन दान दिया। बाद में जब उनसे एक इंटरव्यू में पूछा गया की आपने इतने सारे लोगों को जीवनदान दिया, वे लोग तो आपके आजीवन आभारी होंगे, जज साहब ने इस प्रश्न का उत्तर नाराजगी के साथ बहुत ही ऊंचे सुर में दिया "आभारी होंगे? इन 90 लोगों में से एक ने भी मुझे रुककर धन्यवाद तक नहीं कहा"

एक और उदाहरण में संसार के अपने समय के सबसे समृद्ध व्यक्तियों में से एक ने अपने रिश्तेदार को व्यापार चलाने के लिए एक लाख रुपए ऐसे ही दे दिए पर जब उस समृद्ध व्यक्ति का स्वर्गवास हो गया तो आपको

क्या लगता है कि क्या वह रिश्तेदार इस समृद्ध व्यक्ति का आभारी रहा होगा। नहीं, ऐसा बिलकुल नहीं हुआ बल्कि रिश्तेदार तो उन्हें गालियाँ दे रहा था क्योंकि उस समृद्ध व्यक्ति ने अपनी वसीयत में समाज को बेहतर बनाने के लिए एक सामाजिक संस्था को 10 करोड़ का दान दिया था और रिश्तेदार के शब्दों में उसे सिर्फ एक लाख की भीख दी गई।

इसी प्रकार एक और घटना मैंने पढ़ी जिसमें एक कंपनी के सहकर्मी ने अपने साथी को एक मुश्किल दौर से निकलने में मदद की और उसे कुछ पैसे उधार दिये, जब वह सहकर्मी मुश्किल से निकला तो उसने ना सिर्फ पैसे लौटाने से इंकार कर दिये बल्कि उसने उसके खिलाफ ही षड्यंत्र रच दिया।

अब आप खुद सोचिए जब जीवन दान देने वाले व्यक्ति के प्रति लोग आभार व्यक्त नहीं करते तो हम जीवन दान की तुलना में अपने छोटे-मोटे उपकारों के प्रति कैसे कृतज्ञता की उम्मीद कर सकते हैं।

चिंता का एक बहुत बड़ा कारण है कि हम दूसरों से बहुत अपेक्षा रखते हैं, हम यह मानकर चलते हैं कि क्योंकि हमने सामने वाले के साथ अच्छा किया है तो बदले में वह भी हमारे साथ अच्छा करेगा। देखिये ऐसा हो भी सकता है और नहीं भी यानी कि हो सकता है कि आपके अच्छे व्यवहार के बदले में सामने वाला भी अच्छा व्यवहार करें और हो सकता है कि वह आपके उपकारों भी भूल जाए।

अगर हम चिंता से बचना चाहते हैं और खुश रहना चाहते हैं तो इन दो नियमों को हमेशा याद रखें :

- हम लोगों की सहायता करेंगे क्योंकि यह हमारा स्वभाव है बिलकुल उसी तरह से जैसे गुलाब का स्वभाव है सुगंध देना और कांटे का स्वभाव है चुभना, आप क्या बनना चाहेंगे काँटा या गुलाब।
- हम अगर सहायता भी करते हैं तो वह हम बिना अपेक्षा के करेंगे और देने की खुशी के लिए करेंगे सरल शब्दों में हम लोगों की सहायता करते समय यह अपेक्षा नहीं करेंगे की वह भी हमारी सहायता करें या हमारे प्रति आभार व्यक्त करे बल्कि हम खुद से यह कहेंगे कि 'मैं लोगों के साथ अच्छा करूंगा अगर वे कृतज्ञ होते हैं या आभार व्यक्त

करते हैं तो अच्छी बात है अगर ऐसा नहीं होता तो भी कोई समस्या नहीं।"

इस अध्याय को अंत करने से पहले मैं एक कहानी सुनाना चाहूँगा। दो भाई प्रभु से प्रार्थना कर रहे थे। एक भाई प्रभु से यह प्रार्थना कर रहा था कि "हे प्रभु अगले जन्म में मुझे सिर्फ और सिर्फ मिलता ही रहे" और दूसरे भाई ने प्रभु से यह प्रार्थना कि "हे प्रभु मुझे अगले जन्म में ऐसा बनाना कि मैं लोगों को सिर्फ और सिर्फ देता ही रहूँ।" धरती पर उन दोनों का जीवन काल समाप्त हुआ और अगले जन्म में जो भाई सिर्फ पाने की इच्छा रखता था वह भिखारी बन गया और दूसरा भाई जो योग्य बनने और देने की इच्छा रखता था प्रजा के दिलों में राज करने वाला एक राजा बन गया। अब आप बताइए कि कौन सा भाई आपके अनुसार ज्यादा अच्छा है जो हमेशा पाने की प्रार्थना करता है या जो हमेशा देने की प्रार्थना करता है?

स्ट्रेस मैनेजमेंट से जुड़ी अमल योग्य उपयोगी बातें :

- अगर सहयोग करना ही है तो बिना अपेक्षा के करें अगर आप इस अपेक्षा के साथ सहयोग करेंगे की सामने वाला व्यक्ति आपके प्रति आभार व्यक्त करे या जरूरत पड़ने पर सहयोग करे तो आप भविष्य में दुखी होने की तैयारी कर रहें हैं।
- **खुद को याद दिलाये :** जब जीवनदान मिलने पर भी लोग आभार व्यक्त नहीं करते तो हम अपने छोटे-मोटे उपकारो के लिए लोगों से अपेक्षा क्यों रखें अगर उपकार करना ही है तो निःस्वार्थ भाव से देने की खुशी के लिए उपकार करें।

❖

अध्याय 16

चिंता को कम करने में मन की भूमिका

"दूसरों के व्यवहार को अपनी मानसिक शांति नष्ट मत करने दीजिए"
-दलाई लामा

चिंता को कम करने में आपका मन बहुत बड़ी भूमिका निभाता है इसे समझाने के लिए मैं एक उदाहरण देता हूँ। दो सहकर्मी जो कि एक ही ऑफिस में काम करते हैं उन दोनों को अपने बॉस से मिलना है और उनसे अपने वेतन में बढ़ोतरी के विषय में बात करनी है, दोनों बॉस के ऑफिस के बाहर बैठे हैं तब तक चपरासी आता है और उन दोनों को बताता है कि बॉस अभी किसी काम में फंस गए हैं और उन्हें आने में अभी एक घंटे का समय लगेगा।

हम यहाँ इन दो लोगों को "X" और "Y" कहकर सम्बोधित करेंगे। यह सुनते ही दोनों सहकर्मियों ने अलग-अलग प्रतिक्रिया की। कर्मचारी "X" ने आशावादिता का परिचय देते हुए अपने केबिन में गया और रास्ते में उससे

जितने भी सहकर्मी मिले, उसने उन सभी का मुस्कुराकर और उत्साह के साथ अभिवादन किया और फिर जाकर अपने केबिन में बैठ गया। उसके बैठने की देर नहीं थी कि तुरंत ही उसका साथी आया और पूछा कि 'क्या आप मेरी फाइल में कुछ सहायता कर सकते हैं?' यह सुनकर कर्मचारी "X" मुस्कुराया और बोला "क्यों नहीं मुझे खुशी होगी" हालांकि यह उसका काम नहीं था फिर भी उसने अच्छे मन से और पूरे दिल से अपने सहकर्मी की सहायता की और इसमें उसके लगभग 25 मिनट लग गए। उसने घड़ी देखा अभी भी लगभग 20 मिनट का समय बचा था। उसने अपने आप को कुर्सी पर पीछे की ओर खुद को ढीला छोड़ दिया और उन सभी अच्छी चीजों की कल्पना की जो उसने कंपनी के लिए की थी, उसने यह भी कल्पना की उसके बॉस उसके अच्छे काम के लिए उसे धन्यवाद दे रहे हैं और बधाई स्वरूप उसकी तंख्वाह बढ़ा रहे हैं।

अब आते हैं कर्मचारी "Y" की ओर। वह कर्मचारी यह सुनने के बाद बहुत दुखी हुआ की बॉस को अभी एक घंटे और लगेंगे उसने कहा अरे पहले ही अशुभ लक्षण बॉस एक घंटे बाद आएंगे, अगर मेरी तंख्वाह नहीं बढ़ी तो मैं अपनी पत्नी को क्या मुंह दिखाऊँगा, मेरे बच्चे भी अब बड़े हो रहे हैं उनकी जरूरतें भी अब बढ़ रही हैं, वह यह सोच ही रहा था कि तभी किसी गलत नंबर से उसके मोबाइल पर फोन आ गया, फोन करने वाले को जब पता चला की उसने गलत नंबर मिला दिया है तो उसने माफी भी मांगी पर कर्मचारी "Y" ने उसे बहुत बुरा-भला बोलकर फोन काट दिया। उसने अपनी घड़ी की ओर देखा तो अब बॉस के आने में बस 10 मिनट ही शेष रह गए थे, तभी उसका दिमाग अतीत में चला गया और उसने याद किया की कैसे जब उसने अपने बॉस को पिछली बार वेतनवृद्धि के लिए कहा था और बॉस ने इसके लिए साफ मना कर दिया। यह विचार उसके मन पर हावी हो गया और वह बार-बार खुद से दोहराने लगा की "कहीं पिछली बार के जैसे इस बार ना हो, कहीं पिछली बार के जैसे इस बार ना हो"

आखिरकार बॉस आ गए और कर्मचारी "X" भी आ चुका था। बॉस ने कर्मचारी "X" को बुलाया और क्या आप बता सकते हैं कि क्या हुआ। बिलकुल, आपका अनुमान सही है, वही हुआ जो कर्मचारी "X" सोच रहा

था उसका वेतन बढ़ा दिया गया फिर बॉस ने कर्मचारी "Y" को बुलाया और क्या आप बता सकते हैं कि कर्मचारी "Y" के साथ क्या हुआ। बिलकुल, दुर्भाग्यवश वही हुआ जो वह सोच रहा था यानी कि जिस बात से डर रहा था, सरल शब्दों में उसकी तंख्वाह नहीं बढ़ाई गयी।

इस उदाहरण के निष्कर्ष पर पहुँचने से पहले आइये एक शोध को देखते हैं जिसके बारे में मैंने कुछ दिन पहले पढ़ा था एक पेशेवर मुक्केबाज के मुक्के की शक्ति को मापने के लिए एक प्रयोग किया गया। इस प्रयोग का उद्देश्य मुक्के की शक्ति में मन की भूमिका का आकलन करना था। मुक्के की शक्ति को मापने के लिए एक यंत्र का भी प्रयोग किया गया। पहले तो सामान्य अवस्था में उसके मुक्के की शक्ति को मापा गया और फिर उसके बाद उसे सम्मोहित करके बताया गया कि वह पहले से बहुत कमजोर हो गया है और उसके मुक्के में पहले जैसी शक्ति नहीं रह गयी है और आश्चर्यजनक रूप से उसकी शक्ति लगभग 40 प्रतिशत तक घट गयी। इसके बाद उसे दोबारा सम्मोहित किया गया और उसे बताया गया कि वह पहले से बहुत ज्यादा ताकतवर हो गया है और इसलिए उसके मुक्के की शक्ति भी बढ़ गयी है और जब मुक्के की शक्ति की जांच की गयी तो आश्चर्यजनक रूप से 50 प्रतिशत तक बढ़ गयी थी।

इसी प्रकार का एक प्रयोग कुछ मरीजों पर किया गया इन मरीजों को 2 श्रेणी में बराबर-बराबर बाँटा गया पहले श्रेणी के मरीजों को वास्तविक दवा दी गयी और दूसरे श्रेणी के मरीजों को दवा जैसी दिखने वाली गोली दी गयी और उसमें जरा भी दवा नहीं थी। यह करने के बाद इन दोनों श्रेणियों का मूल्यांकन किया गया पहली श्रेणी जिसे वास्तविक दवा दी गयी थी उसमें से लगभग 95 प्रतिशत तक लोग सही हो गए और दूसरी श्रेणी का जब मूल्यांकन किया गया तो उसमें भी लगभग 75 प्रतिशत लोग सही हो गए थे।

अब इन तीनों उदाहरण यानी वेतन वृद्धि में लगे दो कर्मचारी, मुक्केबाज और मरीज की दो श्रेणियाँ का अगर हम निष्कर्ष निकालें तो इससे यह बहुत ही आसानी से स्पष्ट हो जाता है कि हमारा मन हमारे जीवन में बहुत बड़ी भूमिका निभाता और इसलिए यह हमारे चिंता को भी प्रभावित कर सकता है।

अगर हम इन दो कर्मचारियों की बात करें तो कर्मचारी "X" ने उन सभी कारणों के बारे में सोचा कि क्यों उसे वेतन वृद्धि मिलेगी और खुद को सकारात्मक रखने की भी कोशिश की। वहीं कर्मचारी "Y" ने उन सभी कारणों के बारे में सोचा कि उसे वेतन वृद्धि क्यों नहीं मिलेगी और उसने झगड़ा कर के खुद को नकारात्मक कर लिया।

दवा जैसी दिखने वाली चीज भी असर कर गयी और सम्मोहन के दौरान मुक्केबाज की शक्ति में चमत्कारिक अंतर की सबसे बड़ी वजह थी "विश्वास।" जब यह नकली दवा मरीजों को दी गयी तो उन्हें यह विश्वास था कि यह असली दवा है और क्योंकि यह असली दवा है इसलिए यह उन्हें ठीक भी करेगी और अंततः लगभग 75 प्रतिशत लोग ठीक हो गए। सम्मोहन के दौरान भी मुक्केबाज को यह विश्वास हो गया की उसकी शक्ति कम या ज्यादा हो गयी और उसी के अनुसार मुक्केबाज ने प्रतिक्रिया दी।

इन उदाहरणों को देने का मेरा एक ही उद्देश्य था कि चिंता को उत्पन्न करने में भी मन की भूमिका बहुत महत्त्वपूर्ण है। हम खुद से कैसे आदतन मन ही मन चर्चा करते हैं यानी कि वे चीजें जिन्हें हम अंजाने में ही मन में बार-बार दोहराते हैं या बार-बार जिनका कल्पना में चित्र देखते हैं वो हमारे विश्वास बन जाते हैं और वो हमारी सोच और हमारी परिस्थिति को प्रभावित करते हैं।

अध्याय 17 में चर्चा करूँगा कि क्यों कहा जाता है कि हमें ऐसी बातों को नहीं कहना या सोचना चाहिए जिन्हें हम वास्तविकता नहीं बनाना चाहते हैं और हमें ज्यादा से ज्यादा सिर्फ उन्हीं बातों को सोचना और कहना चाहिए जिन्हें हम वास्तविकता बनाना चाहते हैं।

स्ट्रेस मैनेजमेंट से जुड़ी अमल योग्य उपयोगी बातें :

- **किसी भी बड़े चिंता पूर्ण काम से पहले अपनी पुरानी सफलताओं को याद करें :** उदाहरण के तौर पर जब मेरी पुस्तक का विमोचन राजभवन में माननीय राज्यपाल के द्वारा होना था तो उससे पहले मैं काफी असहज और चिंता में महसूस कर रहा था, पर अंदर जाने से पहले मैंने अपनी पुरानी सफलताओं को याद किया मुझे मिले बहुत सारे सम्मान, सैकड़ों हजारों लोगों के सामने अपने विचार साझा करने का

मेरा शानदार अनुभव, अखबारों में मेरे बारे में प्रकाशित समाचार इत्यादि जैसी बहुत सारी अपनी पुरानी सफलताओं को मैंने याद किया इससे मैं काफी सहज महसूस करने लगा और मेरे अंदर जबर्दस्त आत्मविश्वास आया कि मैं इस शानदार उपलब्धि के लिए पूरी तरह से योग्य हूँ। अगर आप भी कभी ऐसी स्थिति में आते हैं तो अपनी छोटी-बड़ी सभी पुरानी सफलताओं को याद करें और तुरंत ही आत्मविश्वास प्राप्त करें।

- **खुद का विरोधी नहीं खुद का समर्थक बने :** अगर सोचना ही है तो कुछ अच्छा सोचें। ऐसी चीजें सोचें जो आपको सफलता की ओर ले जाती हो ना कि उन चीजों के बारे में जिनमें आप पूरी तरह से असफल दिखाई दे रहे हों।
- याद रखिए चिंता को कम करने में आपका मन बहुत महत्त्वपूर्ण भूमिका निभाता है। इसलिए चिंता से बचने के लिए अपने मन का समझदारी से सदुपयोग करें।

❖

अध्याय 17

इसलिए कहा जाता है जो आप चाहते हैं वही सोचें

"कुछ अलग सोचिए।" ***-स्टीव जॉब्स***

मुझे लगता है आपने अपने जीवन में गौर किया होगा। आप एक मोटरसाइकल या कार खरीदने की योजना बनाते हैं और जैसे ही आप तय कर लेते हैं कि आपको कौन से मॉडल की कार या मोटरसाइकिल चाहिए। अचानक आपको हर जगह, चाहे वो सड़क हो, पार्किंग हो या कोई और जगह आपको वही गाड़ी हर जगह दिखने लगती है। आप आश्चर्य में पड़ जाते हैं कि अचानक न जाने क्या हो गया और ये गाड़ियां चमत्कारिक रूप से कैसे हर जगह नजर आने लगी। यह चमत्कार सिर्फ आपके साथ ही नहीं बल्कि सभी के साथ होता है और इस चमत्कार को संभव बनाती है हमारे मस्तिष्क का RAS (रेक्टिकुलर एक्टिवेशन सिस्टम)।

क्योंकि मेरा उद्देश्य तकनीकी विवरण में जाने के बजाए एक ऐसी किताब लिखना है जो सभी की आसानी से समझ में आए इसलिए मैं आपको

एक बहुत ही आसान उदाहरण से समझाना चाहूंगा। मैं अक्सर अपनी माताजी को चाय बनाते देखता हूँ और चाय बनाने के बाद वो एक छन्नी का प्रयोग करती है जिससे कि चाय की पत्ती अलग निकल जाए और उनके पास सिर्फ चाय ही बचे।

RAS हमारे जीवन में कुछ ऐसे ही काम करता है एक तरह से यह एक फिल्टर या छन्नी है जो अन्य चीजों को रोककर सिर्फ उन्हीं चीजों को हम तक पहुंचाता है जिन पर हम अपना ध्यान केंद्रित करते हैं। जब हम किसी गाड़ी को खरीदने के बारे में सोचते हैं तो RAS हमारे लिए फिल्टर की तरह काम करता है और अन्य गाड़ियों को छांट करके हमें सिर्फ वही गाड़ी दिखाता है जो हम चाहते हैं।

इसलिए अक्सर हम सफल लोगों के मुंह से सुनते हैं कि हमें सिर्फ उन्हीं बातों के बारे में सोचना और चर्चा करनी चाहिए जिसे हम चाहते हैं और उन बातों के बारे में तो बिल्कुल भी नहीं सोचना और कहना चाहिए जो हम नहीं चाहते।

एक और उदाहरण मैं आपके साथ साझा करना चाहूंगा वह यह है कि अक्सर जब हम किसी मित्र या किसी व्यक्ति के बारे में सोचते या चर्चा करते हैं तो अचानक ही उनका फोन या वे स्वयं ही आ जाते हैं। एक और बात जो हमें सुनने और देखने को मिलती है कि अक्सर लोग मजाक-मजाक में ही कुछ ऐसा कह या लिख देते हैं और वो सत्य हो जाती है। इसलिए जो भी कहें या जो भी सोचें या जो भी लिखें वो सोच-समझकर ही करें और वो वही हो जो हम चाहते हैं।

स्ट्रेस मैनेजमेंट से जुड़ी अमल उपयोगी बातें :

- हम सभी लोग आदतों के हिसाब से काम करते हैं और लगभग हम सभी में ये आदत होती है कि हम बोलने से पहले सोचते नहीं हैं इसलिए अब से एक आदत विकसित करिए सिर्फ उन्हीं बातों को कहिए जो आप चाहते हैं।
- जब सामने वाला व्यक्ति बहुत ज्यादा नकारात्मक बाते कर रहा हो जैसे की किसी रोग आदि के बारे में तो सम्मानपूर्वक उनकी बातों का रुख किसी सकारात्मक दिशा में मोड़ दें या फिर उनके पास से ही हट जाएं।

❖

अध्याय 18

जीवन को यादगार बनाएँ

"यदि आप सर्वश्रेष्ठ नहीं बन सकते तो कम से कम एक याद किए जाने योग्य व्यक्ति तो बन ही सकते हैं।"

-डेविड ओविगली

किसी महान आदमी ने कहा है कि जीवन इतना छोटा है कि इसे घटिया नहीं होना चाहिए (आँकड़े बताते हैं कि मनुष्य की औसत आयु लगभग 72 से 80 वर्ष है) और मैं इस बात से पूरी तरह से सहमत हूँ। हम इस संसार में मात्र कुछ दशक रहते हैं और हम छोटी-छोटी बातों से इतना ज्यादा परेशान हो जाते हैं और उन्हें इतना बड़ा मुद्दा बना लेते हैं जिन्हें कुछ समय बाद न सिर्फ हम भूल जाते हैं बल्कि सामने वाला भी भूल जाता है।

क्या ये बेहतर नहीं होगा कि हम अपने जीवन को यादगार बनाए। यानी कि हम जिससे भी मिलें, उसकी राय हमारे बारे में ये बने "इस आदमी में कुछ तो खास बात है", जब आपके बच्चे से आपके बारे में पूछा जाए तो उसे यह बताने में बहुत खुशी हो कि आप उनके पिता हैं, जब आपके

माता-पिता आपके बारे में सोचें तो उन्हें गर्व हो कि उन्होंने आपको जन्म दिया, ऐसे ही आपके मित्र भी आपका नाम गर्व के साथ लें और कहें "उन्हें जानते हो वो मेरे मित्र हैं"

जीवन में दूसरे लोगों की छोटी-छोटी बातों को नजरअन्दाज करना बेहतर होता है क्योंकि छोटी-छोटी बातें कब बड़ी हो जाती है पता ही नहीं चलता इसलिए बेहतर है कि आप छोटी-छोटी बातों को दिल से लगाना बंद कर दीजिए और सिर्फ अच्छी-अच्छी बातों को ही याद रखिए। याद रखिए आप दूसरों को नियंत्रित नहीं कर सकते, आप सिर्फ खुद को ही नियंत्रित कर सकते हैं। आप सामने वाले की छोटी सोच को नहीं बदल सकते पर हाँ, आप बुद्धिमानी जरूर दिखा सकते हैं और बड़ी सोच के साथ अपने बड़े लक्ष्य यानी कि एक बेहतर जीवन का आनंद ले सकते हैं

स्ट्रेस मैनेजमेंट से सम्बंधित अमल योग्य उपयोगी बातें :

- प्रख्यात अभिनेता स्व० राजेश खन्ना की फिल्म आनंद देखिए, और अनुमान लगाइए कि हमारा जीवन और समय कितना कीमती है इसलिए अब से दूसरे लोगों की छोटी-छोटी बातों को नजरअन्दाज करिए और सिर्फ खुशियाँ बिखेरिए।
- एक नीरस इंसान के बजाए मुस्कुराने वाला इंसान बनिए क्योंकि जैसा कि किसी महान आदमी ने कहा है कि जिंदगी इतनी छोटी है कि यह घटिया नहीं होनी चाहिए।
- सड़क पर भी हम अक्सर छोटे-मोटे लड़ाई-झगड़े देखते हैं, जैसे किसी की गाड़ी से आपकी गाड़ी को ठोकर लग जाना इत्यादि और बाद में वो बड़ी बात बन जाती है इसलिए बेहतर है कि छोटी-छोटी बातों को नजरअन्दाज करें और आगे बढ़ें।

❖

अध्याय 19

कीचड़ में ढ़ेला नहीं मारते

"कीचड़ मत उछालिए, आप निशाना चूक सकते हैं और कीचड़ से आपके हाथ भी गंदे हो जाएँगे।" ***-डोरथी पार्कर***

आपको क्या लगता है कि किस व्यक्ति की सबसे ज्यादा आलोचना होती होगी। अपने देश का ही उदाहरण ले लें आपको क्या लगता है कि हमारे देश में सबसे ज्यादा आलोचना किसकी होती होगी। सम्भावना ज्यादा है कि सबसे ज्यादा आलोचना देश के प्रधानमंत्री की (भले ही वो किसी भी देश या किसी भी पार्टी के हों) होती है, क्योंकि उनके ऊपर देश की सबसे ज्यादा जिम्मेदारी होती है।

जब व्यक्ति सफल होने लगता है और अपने जीवन में आगे बढ़ने लगता है तो बहुत से लोगों को उसका आगे बढ़ना अच्छा नहीं लगता और वे मन ही मन उससे ईर्ष्या करने लगते हैं और उसे नीचा दिखाने के और उसे अपने स्तर तक नीचा दिखाने के हथकंडे अपनाने लगते हैं। ऐसे लोग आपको उकसाते हैं कि आप अपना आपा खोकर कुछ ऐसा कह या कर दें जिससे कि आपकी छवि धूमिल हो जाएँ।

ऐसे में समझदारी यही होगी जैसा की पुरानी कहावत कहती है कि कीचड़ में ढ़ेला नहीं मारते क्योंकि इससे कीचड़ किसी और पर नहीं बल्कि खुद पर पड़ता है। आपने आगे बढ़ने के लिए बहुत सारा परिश्रम और बहुत सारा त्याग किया है जिसे सिर्फ आप ही समझ सकते हैं पर ईर्ष्यालु लोगों के लिए तो आप सिर्फ भाग्यशाली हैं, वे आपकी सफलता को हथियाना चाहते हैं पर आपके द्वारा की हुई मेहनत को नहीं करना चाहते। बेहतर होगा की ऐसे लोगों को ज्यादा ऊर्जा ना दें, उनकी कहीं बातों को एक कान से सुने और दोनो कानों से निकाल दें। याद रखिए जितना समय और ऊर्जा आप ऐसे लोगों के बारे में सोचने में बर्बाद करेंगे उतना ही समय का निवेश करके आप अपना भविष्य उज्ज्वल कर सकते हैं।

स्ट्रेस मैनेजमेंट से सम्बंधित अमल योग्य उपयोगी बातें :

- जब आप सफल हों तो यह उम्मीद करें कि आप की आलोचना होगी, बस एक बार इतना जरूर जाँच लें कि क्या आलोचना आपको बेहतर बनाने के उद्देश्य से की जा रही है या नीचा दिखाने के उद्देश्य से, यदि बेहतर बनाने के उद्देश्य से की जा रही है तो एक बार इसका अवलोकन करें अन्यथा इसे तुरंत दिमाग से निकाल दें।
- एक बहुत ही हास्यास्पद वाक्य मैंने कुछ दिनों पढ़ा था इसे मैं आपके साथ साझा कर रहा हूँ इसे याद रखें इससे आपको कीचड़ में ढ़ेला मारने से बचने में मदद मिलेगी, "कुत्ता आपको काट सकता है लेकिन आप कुत्ते को नहीं काट सकते।"

❖

अध्याय 20

हम कॉकरोच नहीं हैं

"जीवन यह नहीं है कि आप कितनी बार गिरते हैं जीवन तो यह है कि गिरने के बाद आप कितनी बार खड़े होते हैं।"

-जेमी एसकलांटे

क्या आपने किसी कॉकरोच को देखा है? कॉकरोच की एक खासियत तो यह है कि उसे ज्यादातर लोग पसंद नहीं करते पर एक और खासियत या अवगुण कह लें वह यह है कि एक बार यदि कॉकरोच पलट जाए तो वह सीधा नहीं हो पाता और मृत्यु को प्राप्त हो जाता है।

प्रभु ने इंसान को संसार का सबसे शानदार और सबसे बुद्धिमान प्राणी बनाया है और उन्होंने हमें यह क्षमता दी है कि यदि हम अपने जीवन में कभी लड़खड़ा जाएँ तो हम ना सिर्फ दोबारा मजबूती से खड़े हो सकते हैं बल्कि जिस कारण से हम लड़खड़ाए थे हम उस कारण को भी सुधार सकते हैं।

इसलिए जब भी स्थितियाँ विपरीत नजर आएँ या ऐसी घटनाएँ हों जिनकी आपने उम्मीद भी नहीं की थी तो भी निराश ना हों क्योंकि पहली चीज तो समय के साथ बहुत सारे घाव भर जाते हैं और दूसरी हर परिस्थिति से मनुष्य कुछ ना कुछ तो सीख ही सकता है और भविष्य के लिए सतर्क हो सकता है।

स्ट्रेस मैनेजमेंट से जुड़ी अमल योग्य उपयोगी बातें

- जब भी जीवन में अप्रत्याशित घटनाएँ हों तो परेशान होने के बजाए खुद से कहें की "मैं कॉकरोच नहीं हूँ प्रभु ने मुझे इंसान के रूप में बनाया हैं और मैं इस घटना से उबर सकता हूँ।"
- हर परिस्थिति इंसान के लिए सीखने का अवसर है खुद से पूछें की मैं इस घटना से क्या सीख सकता हूँ।
- खुद को यह भी याद दिलाएं कि "ज्यादातर चीजें अच्छे के लिए होती है।"

❖

अध्याय 21

भावनाएँ कार्य का अनुसरण करती हैं

"अपने आपको खोजने के लिए, सिर्फ अपने बारे में सोचिए।"

-सुकरात

ऐसा सबके साथ होता है कि किसी काम को करना जरूरी तो होता है पर हमारा उस काम को करने का मन ही नहीं करता और क्योंकि हमारा मन नहीं करता इसलिए हम उस काम को नहीं करते।

बहुत बार ऐसा होता है कि मेरा लिखने का एकदम मन नहीं करता पर मैं एक कागज और पेन लेकर बैठ जाता हूँ और लिखना शुरू कर देता हूँ शुरू में तो मन ही हावी होता है पर मैं डटा रहता हूँ और लिखता रहता हूँ। धीमे-धीमें चमत्कारिक रूप से शब्दों का प्रवाह होने लगता है और मुझे एक जबरदस्त लय मिल जाती है।

ऐसे ही जब मैं सुबह उठता हूँ विशेष रूप से ठंड के दिनों में तो मेरा मन कहता है कि रजाई से मत निकलो, आज बहुत ठंड है, आज मेरा मन एक्सरसाइज करने का बिलकुल भी नहीं है। इस बार भी मेरे पास दो विकल्प

हैं या तो अपने मन को खुद पर हावी होने दूँ या अपने मन पर हावी हो जाऊँ। लेकिन मैं एक्सरसाइज करने का विकल्प चुनता हूँ, लिखने की तरह ही शुरू में मेरा मन तो बिलकुल नहीं करता पर जैसे-जैसे मैं एक्सरसाइज करना शुरू करता हूँ मेरे अंदर एक लय विकसित हो जाती है और फिर मैं अपने एक्सरसाइज को पूरा करता हूँ और अंततः फिर बहुत अच्छा महसूस करता हूँ।

मुझे पूरा विश्वास है कि आपके जीवन में ऐसी बहुत सी चीजें होंगी जिन्हें करने का आपका मन नहीं करता पर यदि आप इस विधि को आजमाएँगे तो निश्चित रूप से आपको भी ऐसे ही शानदार परिणाम मिलेंगे

स्ट्रेस मैनेजमेंट से जुड़ी अमल योग्य उपयोगी बातें :

- राल्फ वाल्डो एमर्सन के कथन को हमेशा याद रखिए "काम कर डालिए और आपको काम करने की ऊर्जा अपने आप मिल जाएगी"
- खुद से पूछिए कि क्या मन आप पर हावी हो रहा है या आप मन पर हावी हो रहे हैं? जब आप मन पर हावी होंगे तभी आप सफल हो पाएँगे।

❖

अध्याय 22

मैं जब बहुत खुश रहता था तो मैं क्या करता था...

"हम उतने ही खुश होते हैं जितने खुश होने का हम मन बनाते हैं।" ***–अब्राहम लिंकन***

आप जब भी किसी बुजुर्ग व्यक्ति के पास बैठें तो उनके मुँह से यह अक्सर सुनने को मिलता है जब मैं तुम्हारी उम्र का था तो मैं यह किया करता था।

कल्पना के माध्यम से वो उन पुराने दिनों में लौट जाते थे और उस सुख को दोबारा प्राप्त कर लेते हैं।

जब हमारे जीवन में चिंता हावी हो जाती है तो हम एक तरह से भूल ही जाते हैं कि हमारे जीवन में भी कभी खुशियाँ हुआ करतीं थी। जब हम चिंता में होते हैं तो इस बात की ज्यादा सम्भावना है कि हम चिंतापूर्ण बातों को सोचें और यह कल्पना करें कि किस तरह से चीजें हमारे खिलाफ जाएँगी और ऐसा करने पर हम और भी ज्यादा चिंतित हो जाएँगे।

यदि हम अपने चिंता को अपने ऊपर लगातार हावी होने देते हैं तो इस चिंता के चक्र को तोड़ना और भी ज्यादा मुश्किल हो जाता है।

मुझे इसका एक बेहतर उपाय यह मिला कि जब ऐसी स्थितियाँ सामने आएँ तो क्यों ना हम ये याद करें कि जब हम सबसे ज्यादा खुश रहते थे तो हम क्या करते थे। यदि मैं अपनी बात करूँ तो मैं जब अपने मित्रों के साथ क्रिकेट खेला करता था, अपने दादा जी के साथ बातें किया करता था, तेज आवाज में गाने सुना करता था, सड़क पर किसी जरूरतमंद व्यक्ति की अनपेक्षित सहायता किया करता था, जब खाली समय मिलता था तो माताजी के साथ खरीदारी में सहयोग किया करता था इत्यादि जैसी बहुत सारी बातें हैं जिनसे मुझे खुशियाँ मिला करती थी, इनमे से सभी बातें तो पूरी तरह से सम्भव नहीं हैं जैसे मित्रों के साथ क्रिकेट खेलना क्योंकि मेरे ज्यादातर मित्र दूसरे शहरों में हैं और व्यस्त भी हैं, दुर्भाग्यवश दादाजी का स्वर्गवास हो गया है, पर अब भी ऐसी बहुत सी चीजें हैं जो मैं कर सकता हूँ जैसे कि माताजी के साथ खरीदारी में सहयोग, सड़क पर किसी जरूरतमंद व्यक्ति की अनपेक्षित सहयोग करना इत्यादी चीजें मैं आज भी कर सकता हूँ और उन खुशियों को पुनः प्राप्त कर सकता हूँ।

आप जब सबसे ज्यादा खुश रहते थे तो आप क्या करते थे? गाना गाते थे? फिल्में देखते थे? अपने पालतू जानवर के साथ खेलते थे, लम्बी ड्राइव पर जाते थे? याद करिए और सोचिए उनमें से ऐसी कौन-कौन सी चीजें आप अब भी कर सकते हैं। और ऐसा करने पर आप उन खुशियों को दोबारा प्राप्त कर पाएंगे।

स्ट्रेस मैनेजमेंट से जुड़ी अमल योग्य उपयोगी बातें :

- आप भी अपने जीवन में ऐसी चीजों की सूची बनाए जब आप बहुत खुश रहते थे तो आप क्या-क्या करते थे? और उस सूची में से ये खोजें कि आप आज भी कौन-कौन से ऐसे काम हैं जिन्हें आप अब भी कर सकते हैं।
- खुशियों के दिन को याद करने और उन्हें दोबारा जीने के फॉर्मूले को अपने मित्रों और शुभचिंतकों से साझा करें और उनके जीवन को भी चिंतामुक्त बनाने में सहायता करें।

❖

अध्याय 23

कुछ चीजें हमें प्रभु पर छोड़ देनी चाहिए

"जीवन के उजाले में ईश्वर पर विश्वास रखना कुछ भी नहीं है पर जीवन के अंधेरे में भी ईश्वर में विश्वास करना ही सच्ची आस्था है।" ***-सी एच स्पर्जियन***

यकीन मानिए इस मनुष्य जीवन से सुंदर कुछ भी नहीं है और इससे कठिन भी कुछ नहीं है। कई बार हमारे जीवन में कुछ ऐसे मोड़ आते हैं जिसमें हमें समझ में ही नहीं आता कि हम करें तो क्या करें, मदद मांगे तो किससे मांगे।

हम सभी के जीवन में ऐसे दौर आते हैं और एक ऐसा ही बहुत मुश्किल समय मेरे दादा-दादी के जीवन में तब आया जब मेरे पिताजी लगभग डेढ़ साल के थे और उन्हें कई दिनों तक बहुत तेज बुखार था और दिमाग में भी

सूजन आ गयी थी और एक समय ऐसा आया कि उन्हें आँखों से दिखाई देना ही बंद हो गया। उस समय मेरे दादाजी आर्थिक रूप से और पारिवारिक रूप से दोनों ही तरह से बहुत समस्या में थे और इस परेशानी ने उन्हें पूरी तरह से हिलाकर रख दिया था।

वे हमारे शहर के बहुत सारे डॉक्टरों से मिलें पर सभी ने नकारात्मक जवाब दिया। उस समय शहर के सबसे बड़े डॉक्टरों में से एक की दवा से जब लाभ नहीं मिल रहा था तो मेरे दादा जी दोबारा उनके पास मार्गदर्शन के लिए गए तो उन्होंने कहा “चाहे कितने भी डॉक्टर बदल लो पर पर्चा नहीं बदलेगा” उनके इस उत्तर से मेरे दादाजी बहुत निराश हुए और शहर के एक अन्य प्रतिष्ठित डॉक्टर के पास गए। दादाजी डॉक्टर को अपनी समस्या बताते हुए रोने लगे और ये भी कहा कि हम अपना घर, अपना दुकान सब कुछ बेच देंगे बस इसकी आँखें ठीक कर दीजिये। डॉक्टर साहब ने मेरे दादाजी को समझाया की इसका इलाज सबसे बड़े डॉक्टर ही कर सकते हैं और वो फीस भी नहीं लेते हैं, मेरे दादाजी ने पूछा वो कौन हैं और कहाँ मिलेंगे। डॉक्टर साहब ने बताया कि जब साइंस और टेक्नोलोजी भी किसी समस्या को हल करने में असफल हो जाती है तो एक ही सलाह दी जाती है कि उससे मदद मांगो जिसने हमें बनाया है और वो है प्रभु। जाओ उनसे मदद मांगों वो तुम्हारी सहायता अवश्य करेंगे।

डॉक्टर साहब की बातें सुनने पर दादाजी को थोड़ी राहत जरूर महसूस हुई और उन्होंने हर दिन सुबह-शाम प्रभु से सहायता मांगी। एक दिन की बात है मेरी दादी जी ने देखा की मेरे पिताजी चीटियों को अपने हाथ से पकड़ने और उन्हें मारने की कोशिश कर रहें हैं। जिसका मतलब था कि उन्हें अब दिखाई देने लगा है। मेरी दादीजी को अपनी आँखों पर विश्वास ही नहीं हो रहा था और वो तुरंत दौड़कर मेरे दादाजी को बुला लाई, यह दृश्य देखकर मेरे दादाजी भी भावुक हो गए और खुशी से जोर-जोर से रोने लगे।

डॉक्टर साहब ने सच कहा था कि ये इलाज सबसे बड़े डॉक्टर ही कर सकते हैं और उनकी कोई फीस भी नहीं है। हमारे जीवन में न जाने कितनी समस्याएँ हैं जिन्हें हम खुद अकेले ही हल करने की कोशिश करते हैं और ये इतनी बड़ी समस्याएँ हैं जिनका बोझ हमारे कंधे अकेले उठा ही

नहीं सकते। अगर ऐसी बात है तो क्यों न ऐसी समस्याओं के लिए सबसे बड़े डॉक्टर से मदद ली जाए और उनसे सहायता मांगी जाए। उनसे खुल के कहा जाए कि “हे प्रभु! हमें आपकी मदद की जरूरत है अब इस समस्या को आप ही हल कर सकते हैं और मुझे पूरा विश्वास है कि आप इसे हल करेंगे भी।”

ये न सोचें कि प्रभु कहीं दूर आसमान में हैं जो आपकी बातें नहीं सुन सकते ये सोचें कि वे यहीं हैं आपके हृदय में, आपके साथ, आपके पास जो कभी आपका साथ नहीं छोड़ेंगे।

समस्या यह है कि मनुष्य तभी प्रार्थना करता है जब उसे जरूरत होती है और ऐसी प्रार्थनाएँ कभी सफल होती है तो कभी सफल नहीं होती और इसके पीछे वजह यह है कि जो चीजें हम बार-बार करते हैं उसमें हम अभ्यस्त हो जाते हैं और उसमें हमारा आत्मविश्वास भी ज्यादा रहता है जबकि जिन चीजों को हम कभी-कभी करते हैं उनमें हम बिलकुल भी अच्छे नहीं होते। उदाहरण के लिए मेरे घर में, मेरा खाना मेरी माताजी बनाती है और वो साल के 365 दिन बनाती है तो स्वाभाविक सी बात है कि यह उनके लिए बाएँ हाथ का खेल है और वो बहुत अच्छा खाना बना लेती हैं और मान लीजिये मेरे घर के किसी ऐसे सदस्य को जो साल में सिर्फ जरूरत पड़ने पर सिर्फ एक या दो बार खाना बनाता हो तो आपको क्या लगता है कि खाना बनाने में उसके आत्मविश्वास का स्तर क्या होगा और अगर आप उसके द्वारा बनाए हुए खाने को खाएँगे तो आप आसानी से ही समझ जाएंगे कि यह खाना किसी नौसीखिए ने बनाया है इसलिए मेरा सुझाव है कि रोज प्रार्थना करें और मैं यह भी कहूँगा सदैव मांगे ही नहीं बल्कि उन्हें इस बात के लिए भी धन्यवाद दें जो चीजें उन्होंने आपको पहले से ही दी हुई हैं।

हमारे जीवन में ऐसी बहुत सी बातें हैं जो हमने अपने मित्रों से या अपने परिवार से, यहाँ तक कि अपने जीवनसाथी से भी नहीं कर सकते जिस वजह से हमारे अंदर बहुत ज्यादा चिंता भरी रहती है। हो सकता है कि हम उन लोगों को अपनी ये गोपनीय बात न बता सकें पर हम अपने दिल की बात प्रभु से तो कर ही सकतें हैं। बिलकुल वैसे ही जैसे यह बात हम अपने

किसी दोस्त या परिवार के सदस्य को बताते वैसे ही अपने दिल की पूरी बात प्रभु को बताइये और देखिये कि आप कितना हल्का महसूस करते हैं।

स्ट्रेस मैनेजमेंट से जुड़ी अमल योग्य उपयोगी बातें :

- **प्रभु को धन्यवाद देने के कारण खोजें :** ये कुछ भी हो सकता है जैसे जब भी आप कुछ खाने जाए उसके पहले प्रभु को धन्यवाद दें कि उन्होंने यह भोजन आपको दिया और ये भी कहें कि आप बहुत सौभाग्यशाली हैं क्योंकि आज भी इस धरती पर बहुत से ऐसे लोग भी हैं जो इतने अच्छे भोजन से वंचित हैं।
- जब भी जीवन में कुछ अच्छा हो तो उसका सारा श्रेय खुद न लें बल्कि यह कहें कि यह काम आपने प्रभु की सहायता से पूरा किया है।
- प्रकृति के सुंदर दृश्यों को देखें जैसे सूर्योदय, नदियां, पहाड़ और खुद को याद दिलाएँ की इस सुंदर संसार की रचना प्रभु ने की है और उनकी सहायता से हम हर समस्या को हल कर लेंगे।
- पाठकों के विश्वास और प्यार के प्रति आभार व्यक्त करने के लिए मैंने अपने राजलनीति यूट्यूब चैनल पर राजलनीति स्ट्रेस मैनेजमेंट का एक वीडियो कोर्स बनाया है जिसे आप निःशुल्क रूप से चैनल पर जाकर देख सकते हैं।

❖

अध्याय 24

बदला लेने का सबसे अच्छा तरीका

"आरी भूल जाती है पर पेड़ को याद रहता है।"

-अफ्रीकी कहावत

जीवन में एक समय ऐसा भी था जब मैंने पढ़ाई छोड़ने का निर्णय लिया इसके पीछे कई कारण थे शिक्षा में लगातार असफल होना, स्कूल में मिल रही सजाएँ और ताने यहाँ तक तो ठीक था पर कुछ अध्यापकों द्वारा मेरे माता-पिता का अपमान ये मेरे लिए असहनीय था।

मुझे याद है वो घटना जब पैरेंट-टीचर मीटिंग में मेरी क्लास टीचर ने सभी के सामने बहुत ऊंचे स्वर में मेरी माताजी से कहा था कि "मैं आपको लिख कर देती हूँ आपका बेटा जीवन में रिक्शा चलाने से अधिक कुछ नहीं कर सकता।" मुझे वो दिन भी याद है जब एक और अध्यापक ने मुझे स्टाफ रूम में बुलाया और सभी टीचर्स के सामने कहा "मेरे पिताजी के पास बहुत पैसा है जब तक मैं एक-एक क्लास में 2-4 बार न पढ़ूं तब

तक पैसा इस्तेमाल कैसे होगा।" उसके बाद उन्होंने मुझसे अगले दिन पिताजी को स्कूल में बुलाने को कहा।

अगले दिन जब पिताजी ने उन्हें स्कूल के गेट पर नमस्ते किया तो उन्होंने पिताजी को पूरी तरह से नजरअंदाज कर दिया। वे स्टाफ रूम में खाली थे पर उन्होंने कई घंटों तक पिताजी को इंतजार कराया और उसके बाद जब पिताजी से मुलाकात हुई तो उन्होंने सुझाव दिया कि मेरे पास दिमाग नहीं है और मुझे स्कूल में भेजकर वो अपना पैसा और समय दोनों बर्बाद कर रहे हैं। उसके बाद उन्होंने कुछ और बाते भी कहीं जो किसी भी पिता के मनोबल को तोड़ने के लिए पर्याप्त थी।

ऐसी बहुत-सी घटनाएँ हुई जिसने मुझे स्कूल और पढ़ाई से नफरत करने पर मजबूर कर दिया। और मैंने आखिरकार उस स्कूल को छोड़ दिया और मैंने घरवालों से कह दिया कि मैं अब आगे नहीं पढ़ना चाहता।

मेरे घर वालों ने मुझे बहुत मनाने की कोशिश की पर वे असफल रहे। आखिरकार दादा जी ने मुझे समझाते हुए कहा "देखो बेटा, अगर तुम पढ़ाई छोड़ दोगे तो तुम उन लोगों की भविष्यवाणी को सही साबित करोगे। उन लोगों ने कहा था कि तुम कभी नहीं पढ़ सकते क्योंकि तुम्हारे अंदर कोई योग्यता नहीं है और अगर तुमने पढ़ाई छोड़ दी उनकी बात 100 प्रतिशत सही हो जाएगी। मैं तुम्हारी स्थिति से भलीभांति परिचित हूँ, तुम्हारा गुस्सा तुम्हारी तकलीफ जायज है। मैदान छोड़ देना या गुस्से से पागल होना समझदारी नहीं है। मजा तो तब आएगा जब तुम कुछ ऐसा करो कि वे लोग आश्चर्य से देखते रह जाएँ। बदला लेने का सबसे अच्छा तरीका है बड़ी सफलता प्राप्त करना। यदि तुम लोगों से यही कहते फिरोगे कि तुम्हारे साथ गलत हुआ है तो शायद ही कोई तुम्हारे ऊपर विश्वास करे पर यदि तुम कुछ करके दिखाओगे तो ना सिर्फ लोग तुम पर विश्वास करेंगे बल्कि तुम्हारा सम्मान भी करेंगे इसलिए कहिए नहीं करके दिखाइये।"

इसके बाद दादाजी ने मुझे प्रोत्साहित किया कि मैं भले ही धीमे-धीमे पढूँ लेकिन महत्त्वपूर्ण यह है कि मैं लगातार पढ़ाई जारी रखूँ और उनके विश्वास का ही परिणाम था कि मैंने कछुए की गति से पढ़ाई जारी रखी

और अंततः 9 डिग्री/सर्टिफिकेट अर्जित किए जिनमें एल.एल.बी., जर्नलिज्म, पी.जी.डी.बी.ए. और बी लेवल (एम.सी.ए.) जैसी 4 प्रोफेशनल डिग्रियाँ भी शामिल हैं।

वर्तमान समय में लोग बदले की भावना से बहुत ज्यादा चिंता में रहते हैं लेकिन वे भूल जाते हैं कि बदला लेने की इस भावना के कारण वे अपने शत्रु का कम और खुद का नुकसान ज्यादा कर रहें हैं। खुद सोचिए हमारे शत्रु हमें उकसाते हैं वे ऐसे काम करते हैं जिससे कि हमारा खून खौले, हम गुस्से से पागल हों और अंततः हमारा ही नुकसान हो। क्या आपको नहीं लगता कि हमारे शत्रु कितने खुश होंगे अगर उन्हें पता चले कि हमें ब्लड प्रेशर की बीमारी या हृदय रोग हो गया है। इसमें कोई शक नहीं कि आप इसका जवाब जानते हैं। पर जब हम किसी के प्रति लंबे समय तक शत्रुता, ईर्ष्या, द्वेष या बदला लेने की भावना पालते हैं तो हमारे शरीर में अल्सर, ब्लड प्रेशर, हृदय रोग जैसे ना जाने कितने रोग उत्पन्न हो जाते हैं। अपने शत्रुओं के लिए नहीं पर खुद के लिए अपनी सेहत के लिए हमें अपने शत्रुओं को माफ कर देना चाहिए। हमें अपने शत्रुओं को भूल जाना चाहिए पर उनके नाम कभी नहीं भूलने चाहिए क्योंकि उन्हें क्षमा करने के बाद भी हमें उनसे सतर्क रहना चाहिए। और अगर आपको बदला लेना ही है तो क्यों न हम शानदार तरीके से बदला लें जिससे हमारा ही विकास हो। बचपन में अक्सर हम एक प्रश्न सुनते थे कि ऐसा तरीका कौन-सा है जिसमें एक लाइन को बिना मिटाए छोटा किया जा सकता है? और इस समस्या का छोटा सा हल यह था कि हम उसके बगल में एक बड़ी लाइन खींच देते थे और पहली लाइन अपने आप ही छोटी हो जाती थी। तो क्यों ना हम भी कुछ ऐसा ही करें अपने आलोचकों का मुंह बंद करने के लिए बड़ी सफलता प्राप्त करें।

मैंने कहीं पर पढ़ा था कि *"सूअर से मत लड़िए क्योंकि सूअर तो यह चाहता ही है कि आप भी उसी की तरह उसके कीचड़ में कूद जाएँ और गंदे हो जाएं"* तो यह कथन हमेशा याद रखिए और निम्न सोच वालों से लड़कर उनकी श्रेणी में शामिल मत होइए।

स्ट्रेस मैनेजमेंट से जुड़ी अमल योग्य उपयोगी बातें :

- बड़े लोग (सफल लोग) जानते हैं कि छोटे लोग (असफल लोग) ईर्ष्या के कारण उनकी आलोचना करते हैं पर बड़े लोग उनकी आलोचना इसलिए नहीं करते क्योंकि वो जानते हैं उनकी जबान से निकला एक एक शब्द महत्त्वपूर्ण होता है और वे किसी भी कारण से अगर एक बार भी किसी का नाम ले लें तो वह बिना कुछ किए ही लोकप्रिय हो जाता है।
- **याद रखिए सिक्के आवाज करते हैं नोट नहीं :** छोटी सोच वाले लोग बाते करते हैं जबकि बड़ी सोच वाले सफल लोग काम करते हैं और सफल होते हैं।
- यदि आप किसी से बदला लेना चाहते हैं तो नफरत से नहीं बल्कि अपनी सफलता से लीजिए, इतने सफल बनिए कि लोग देखते ही रह जाएं।

❖

अध्याय 25

बहस के बजाए काम से जीतें

"जीतना दूसरों से आगे निकलना नहीं है यह तो जहां हम पहले थे उससे आगे बढ़ना है।" **-रोजर स्टाबौक**

बहुत पहले की बात है एक देश के राजा के दरबार में एक मंत्री था जो बहुत ही बुद्धिमान और बहुत ही ईमानदार था और यह मंत्री राजा के पिता के समय से राजपरिवार के साथ था। मंत्री की सूझबूझ के कारण ही राजा का साम्राज्य बहुत सुरक्षित था।

एक बार एक शत्रु देश ने एक योजना बनाई और मंत्री को ऐसे जाल में फँसा दिया ताकि राजा को लगे कि उनका यह मंत्री गद्दार है। मंत्री को राजा के समक्ष प्रस्तुत किया गया, राजा ने कहा "तुम्हें मृत्युदंड दिए जाने से पहले क्या तुम अपनी सफाई में कुछ कहना चाहोगे?" मंत्री ने कहा "मैं कुछ नहीं कहना चाहता, बस मुझे एक माह का समय दे दीजिए फिर मुझे मृत्युदंड दे दिया जाए"

राजा ने मंत्री की आखिरी इच्छा का सम्मान करते हुए उसे एक माह का समय दे दिया।

उस देश में गद्दारों के लिए बहुत कठोर कानून था और मृत्युदंड के लिए फाँसी की बजाए बहुत सारे खुँखार कुत्तों के आगे फेंक दिया जाता था और वे उसे खा जाते थे।

क्योंकि मंत्री बहुत ही बुद्धिमान था इसलिए वो तुरंत ही इन खुँखार कुत्तों के पास गया और इन्हें भरपेट गोश्त खिलाया और उन्हें नियमित रूप से अच्छा भोजन और सेवा करने लगा और उसने यह काम 30 दिन तक किया।

जब 30 दिन पूरे हो गए तो जैसा कि राजा का आदेश था मंत्री को इन खुँखार कुत्तों के आगे डाल दिया जाना था, मंत्री को सजा सही से दी जा सके इसलिए राजा भी मौजूद थे, और फिर दरवाजा खोला गया और मंत्री को खुँखार कुत्तों के सामने फेंक दिया गया, राजा भी दरवाजे के छेद से देख रहे थे और यह उम्मीद कर रहे थे कि ये खुँखार कुत्ते मंत्री को नोच खाएँगे पर राजा अंदर का दृश्य देखकर दंग रह गया, ये खुँखार कुत्ते मंत्री से लिपट कर उसे चाटने लगे। राजा ने तुरंत ही मंत्री को बाहर लाने का निर्देश दिया।

वो बुजुर्ग मंत्री मुस्कुराते बाहर निकले और राजा से कहा कि मैंने इन कुत्तों की मात्र एक महीने सेवा की और परिणाम आप देख सकते हैं पर मैंने तो आपके और आपके पूरे परिवार की 50 साल सेवा की और आपने बदले में मुझे क्या दिया?

राजा बहुत लज्जित हुए और उन्होंने मंत्री को ससम्मान रिहा किया और मंत्री के दिशानिर्देश पर असली अपराधी को खोजा और उसे मृत्युदंड के अंजाम तक पहुँचाया।

जैसा कि हम इस कहानी से सीख सकते हैं मंत्री भी बहस कर सकता था कि उसने 50 साल तक राजपरिवार की सेवा की है और उसके साथ गलत हो रहा है पर इससे राजा पर शायद उतना असर नहीं होता जो मंत्री के बुद्धिमत्तापूर्वक काम से हुआ।

ऐसी ही मैंने एक समझदार पिता को देखा जिसका छोटा सा बच्चा डरावना सपना देखकर रोने लगा जब वह उठा तो उसने कहा कि पलंग के नीचे भूत है, पिता चाहता तो बच्चे से बहस कर सकता था पर उसने उस मंत्री की तरह ही समझदारी का परिचय दिया, पिता ने बच्चे से कहा चलो देखते हैं, पिता ने बच्चे को टॉर्च दी और बच्चे को प्लास्टिक की खिलौने

वाली बंदूक देते हुए कहा चलो बेटे उठो देखते हैं अगर भूत होगा भी तो भी वो तुम्हारा कुछ नहीं कर सकता क्योंकि तुम्हारे पास तो बंदूक है। पिता और पुत्र दोनो ने झुककर पलंग के नीचे देखा पर उन्हें कुछ नहीं मिला। बच्चा अब निश्चिंत था कि कोई भूत नहीं है और वह खुशी-खुशी दोबारा सो गया।

बहस से नहीं काम से जीतें का फॉर्मूला हर जगह कारगर है चाहे आप अभिभावक हों या व्यापारी या कुछ और, इस सिद्धांत को अपने जीवन का हिस्सा बनाइए और चिंता मुक्त हो जाइए।

स्ट्रेस मैनेजमेंट से जुड़ी अमल योग्य उपयोगी बातें :

- खुद से एक वादा करिए कि अब आप बहस बिलकुल नहीं करेंगे भले ही सामने वाला बहस करने का इच्छुक हो, या तो चुप रहिए, बात की दिशा को मोड़िये अगर तब भी काम न बनें तो वहाँ से हट जाएँ।
- टीवी पर ऐसे कार्यक्रम न देखें जिसमें हमेशा लड़ाई-झगड़े या अनावश्यक बहस दिखाई जाती है, क्योंकि जो भी चीजें आप अपने दिमाग में डालते हैं वो कहीं न कहीं आपके जीवन में भी दिखाई देने लगती है।

❖

अध्याय 26

क्षमा करने से विरोधियों से ज्यादा खुद का भला होता है

"कमजोर लोग कभी क्षमा नहीं कर सकते, यह गुण तो केवल शक्तिशाली लोगों में ही पाया जाता है।"

–महात्मा गांधी

जैसे–जैसे विज्ञान आगे बढ़ता जा रहा है यह प्रमाणित होता जा रहा है कि हमारे विचार हमारी सेहत पर कितना ज्यादा असर डालते हैं। हमारे विचार हमें स्वस्थ भी बना सकते हैं और बीमार भी। शर्त सिर्फ इतनी सी है कि अगर आप स्वस्थ रहना चाहते हैं तो सदैव सकारात्मक और उत्साहवर्धक विचार सोचें और अगर आप बीमार रहना चाहते हैं तो नकारात्मक और निराशा भरे विचार सोचें।

बहुत से लोग यह मानते हैं कि क्षमा करना कमजोरी की निशानी है बल्कि वास्तविकता तो ये है क्षमा कमजोरी की निशानी नहीं बल्कि ये सुखी जीवन की कुंजी है। जब आप किसी को क्षमा नहीं करते तो आपकी स्थिति

जेलर और कैदी वाली हो जाती है। जेलर आप हैं और कैदी वह इंसान है जिसे आप क्षमा नहीं करते। जेलर को 24 घंटे हमेशा इसलिए तैनात रहना पड़ता है ताकि वह कैदी पर नजर रख सके इसलिए जेलर कैदी पर नजर रखने के अलावा और कोई काम नहीं कर सकता। मुझे नहीं लगता कि इसे पढ़ने के बाद आप जेलर बनने का निर्णय लेंगे।

दूसरों को क्षमा करें उनके लिए नहीं बल्कि अपने लिए अपनी मानसिक शांति के लिए और सबसे महत्त्वपूर्ण अपने कीमती समय के लिए।

महान लेखक वेन डायर बताते हैं कि वे अपने पिताजी के लिए पूरी तरह से गुस्से से भरे हुए थे क्योंकि उनके पिता ने उनके माँ और उनके पूरे परिवार को बचपन में छोड़कर ही चले गए थे, बचपन की इस घटना के लिए उनके अंदर अपने पिता के प्रति बहुत गुस्सा था और बड़े होने के बाद भी उन्होंने अपने पिता को क्षमा नहीं किया था। तभी उन्हें पता चला की उनके पिताजी का स्वर्गवास हो चुका है। इसके बाद भी उनका गुस्सा बना रहा और इस गुस्से के कारण वे अपने लेखन के करियर पर भी अपना ध्यान नहीं लगा पा रहे थे और उनकी लिखी पुस्तकें लगातार असफल हो रही थीं। एक दिन न जाने उनके मन में कहाँ से अपने पिता के कब्र पर जाने का विचार आया। वेन डायर बताते हैं कि उस दिन वे सुबह से शाम तक अपने पिताजी की कब्र पर बैठे रहे और उनके दिल में जो भी था उन्होंने सारी बातें कब्र पर ही अपने पिता से कह दी जाते-जाते आंसुओं के साथ उन्होंने अंतिम शब्द अपने पिताजी के कब्र पर कहे "आज के बाद मैं आपको सभी चीजों के लिए माफ करता हूँ।"

और उसके बाद वे बताते हैं कि उनका जीवन पूरी तरह से बदल गया वे ज्यादा खुश रहने लगे और उनकी लिखी सभी पुस्तकें बेस्ट सेलर की श्रेणी में शामिल होने लगी और यह सब हुआ इस वजह से क्योंकि उन्होंने क्षमा करने का निर्णय लिया।

(मैं आपको बताना चाहूँगा दुर्भाग्यवश डॉक्टर वेन डायर का निधन 2015 में हो गया और वे मेरे पसंदीदा लेखकों में से एक थे और उनके विचारों से मुझे अपने जीवन को बेहतर बनाने में बहुत सहायता मिली।)

जब हम अपने विरोधियों या अप्रिय लोगों को क्षमा नहीं करते तो इससे हमारी चिंता बढ़ती जाती है और चिंता के कारण हृदय रोग और रक्त चाप

जैसी बीमारियाँ उत्पन्न होती है। कल्पना करिए आपके विरोधी कितने खुश होंगे की आपको उनके बिना कुछ किए ही आप बीमार होते जा रहें हैं इसलिए बेहतर हैं कि उन्हें क्षमा करें (पर सतर्क रहें) और अपने आपको स्वस्थ रखें।

स्ट्रेस मैनेजमेंट से जुड़ी अमल योग्य उपयोगी बातें :

- जॉन एफ केनेडी के वाक्य को हमेशा याद रखिए "अपने दुश्मनों को भूल जाइए पर उनके नाम कभी मत भूलिए" (सरल शब्दों में शत्रुओं को भूल जाने के बाद भी उनसे सतर्क रहिए)।
- आकलन कीजिए कि आप कितना सारा समय अपने विरोधियों और अप्रिय लोगों के बारे में सोचने में बर्बाद करते हैं, एक बार करके देखिए आप यह देखकर चौंक जाएँगे कि आप अपना कितना समय इस काम में बर्बाद करते हैं।

❖

अध्याय 27

काम के प्रति अपना नजरिया बदलें

"गुणवत्ता का मतलब है तब भी अच्छा काम करना जब कोई देख न रहा हो।" ***-हेनरी फोर्ड***

कुछ समय पहले मैंने इंटरनेट पर एक देश में हुए रिसर्च/शोध के बारे में पढ़ा, यह शोध पाँच साल में हुए हार्ट अटैक पर था, आश्चर्यजनक रूप से इसमें बताया गया था अधिकांश हार्ट अटैक का समय सोमवार की सुबह को था (लगभग 55 प्रतिशत), शोध में यह भी बताया गया था ये ऐसे लोग थे जो नौकरीपेशा थे और ऐसे नौकरी करने वाले लोग अपने काम को बोझ समझते थे क्योंकि रविवार को आफिस बंद रहता था इसलिए वे चिंता मुक्त रहते थे और सोमवार की सुबह उन्हें सबसे ज्यादा चिंता होने लगती थी क्योंकि वे अपने काम को बिल्कुल भी पसंद नहीं करते थे और उन्हें दोबारा अपने इस नापसंदगी भरे काम पर जाना पड़ेगा इस वजह से उनकी तबियत इतनी ज्यादा खराब हो जाती थी। अगर यह शोध सही है तो यह बहुत ही चिंताजनक स्थिति है।

मेरा तो यही सुझाव होगा की उसी काम को करें या उसी क्षेत्र में अपना करियर बनाए जहां आपका मन और दिल दोनों लगता हो और जब आप ऐसा करेंगे तो आप खुश भी रहेंगे और आपको काम में लगने वाले समय का पता भी नहीं चलेगा।

अब मान लेते हैं कि आपकी स्थिति ऐसी है कि आप अपना काम बदल नहीं सकते या छोड़ नहीं सकते तो क्या करें?

एक महिला एक कंपनी में एक कम्प्युटर ऑपरेटर के पद पर कार्यरत थी और वह अपने काम से नफरत करती थी। उस कंपनी में वह बहुत सालों से काम कर रही थी उसके साथ एक और कम्प्युटर ऑपरेटर भी काम करती थी जो उसके बहुत बाद काम करने आई थी। उसे लगता था कि उसके काम की बजाए उसकी साथी कम्प्युटर ऑपरेटर के काम को ज्यादा वरीयता दी जाती है। और वह सोचती थी कि वह इस नौकरी को छोड़ दे। सोच तो वह रही थी नौकरी छोड़ने के लिए, पर एक दिन आश्चर्यजनक रूप से उसकी इस साथी महिला कम्प्युटर ऑपरेटर ने नौकरी छोड़ दी और कंपनी ने एक नई कम्प्युटर ऑपरेटर के लिए अखबार में विज्ञापन दिया।

अगले दिन इस पद के लिए 850 लोगों ने आवेदन किया। यह देखकर उस महिला के होश उड़ गए और उसने सोचा कि वह कितनी भाग्यशाली है कि उसके पास अब भी रोजगार है और कितने सारे दुखी बेरोजगार लोग खुशी-खुशी उसकी जगह लेने को तैयार हैं। उस दिन के बाद से उसने अपने काम के बारे में कभी शिकायत नहीं की और मन लगाकर काम किया।

अपने काम के बारे में अपना नजरिया बदलने का पहला तरीका है यह कल्पना करें कि अगर आप बेरोजगार हो जाएंगे तो आपकी स्थिति कितनी खराब हो जाएगी और उसके बाद प्रभु को रोजगार सम्पन्न होने के लिए धन्यवाद दें और दोबारा अपने काम पर खुशी-खुशी लौटें।

यहाँ एक और उदाहरण लेना चाहूँगा एक लड़के ने अभी तुरंत ही देश के एक प्रतिष्ठित कॉलेज से एमबीए किया था और वह आगे चलकर नौकरी करना चाहता था पर कुछ पारिवारिक समस्याओं के कारण उसे अपना ज्वेलरी का कारोबार संभालना पड़ा। शुरू में उसका व्यापार में मन नहीं लग रहा था पर उसके पिताजी ने समझाया कि “देखो बेटे मुझे पता है तुम्हारे अंदर बहुत योग्यता है और तुम नौकरी करना चाहते हो, यह भी अच्छी बात है पर अगर तुमने इस व्यापार को नहीं संभाला तो यह बिखर जाएगा पर अगर तुम

इसे उदासीन तरीके से व्यापार संभालोगे तो भी व्यापार नहीं चला पाओगे।"

बेटे ने अपनी पिता की बात सुनी और उस पर विचार करने लगा क्योंकि वह उच्च शिक्षित था इसलिए उसने कई ज्वेलरी मैनुफेक्चरिंग प्लांट का दौरा किया, ज्वेलरी उद्योग में क्या-क्या नया हो रहा है यह जानने के लिए ना सिर्फ देश बल्कि विदेश की भी यात्रा की और ऐसा करने पर उसे पता चला की ऐसे बहुत सारे अवसर हैं जिस पर अभी तक किसी ने पहल नहीं की है और उसने खुद का एक ज्वेलरी ब्रांड स्थापित किया और उसके अनेकों स्टोर अपने राज्य में खोले। कल्पना करिए कि एक ऐसा व्यक्ति जो नौकरी करना चाहता था व्यापार नहीं। आज व्यापार कर रहा है और अनेकों लोगों को रोजगार भी दे रहा है। पर यह हुआ कैसे? जिस चीज के बारे में हम कम जानते हैं उसके बारे में हम दुविधा में होते हैं और हमारा आत्मविश्वास भी कम होता है। इसलिए हम उसमें रुचि भी नहीं लेते पर जिस चीज में हमारे पास दूसरों से ज्यादा जानकारी होती है उस चीज में हम खुद को विशेषज्ञ समझते हैं और इसलिए हम उसमें रुचि भी लेते हैं और हमारा आत्मविश्वास भी रहता है। तो काम के बारे में अपना नजरिया बदलने का दूसरा तरीका है अपने काम के बारे में अपनी जानकारी बढ़ाइए।

स्ट्रेस मैनेजमेंट से जुड़ी अमल योग्य उपयोगी बातें :

- **खुद से प्रतियोगिता करें :** यह ना देखें कि आपका सहकर्मी क्या कर रहा है बल्कि इसके बजाए अपने काम को सर्वोत्तम तरीके से करने पर ध्यान दें। क्योंकि हमारी सबसे अधिक चिंता यह देखने में चली जाती है कि हमारा सहयोगी क्या और कैसे कर रहा है।
- **कर्म ही पूजा है :** काम को बोझ मत समझिए इसे अपना कर्तव्य समझिए हर धर्म में कर्म को वरीयता दी गयी है। हम इस धरती से चले जाएंगे पर हमारे कर्मों को सभी लोग याद रखेंगे।
- **अगर आपके पास काम है तो आप भाग्यशाली हैं :** बेरोजगारी की दर चरम पर है बहुत से अति उच्च शिक्षित लोगों के पास भी काम नहीं है, ये लोग खुशी-खुशी आपकी जगह लेना चाहेंगे इसलिए अपने काम से प्यार करें।

❖

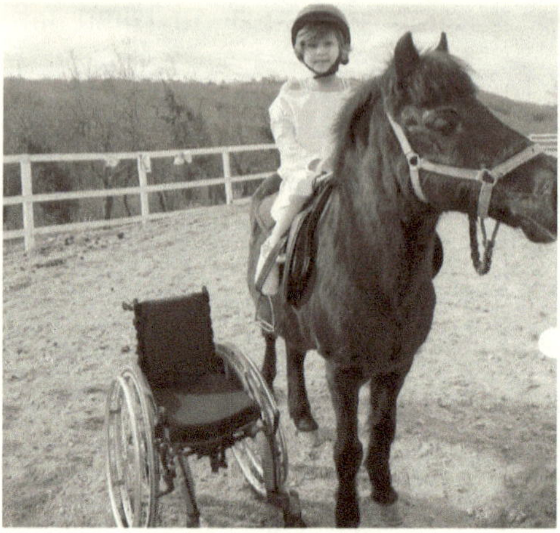

अध्याय 28

परेशान तो सभी हैं लेकिन जो कुछ करते हैं वही आगे बढ़ते हैं

"विपत्तियों में कुछ लोग टूट जाते हैं और कुछ लोग रिकॉर्ड तोड़ते हैं।" ***-विलियम आर्थर वार्ड***

करीब 15 साल पहले मैं लखनऊ अक्सर जाया करता था इसके पीछे कारण यह था कि मेरे एक कोर्स का परीक्षा केंद्र लखनऊ में पड़ता था। मैं एक होटल में ठहरता था और परीक्षा केंद्र तक जाने के लिए एक रिक्शा कर लेता था। और उस सेमेस्टर में परीक्षा केंद्र तक जाने के लिए मैंने एक ही रिक्शे वाले की सहायता ली। आप सोच रहे होंगे आखिर ऐसा क्यों? लखनऊ जैसे बड़े शहर में तो बहुत से रिक्शे वाले मिल जाएंगे। बिलकुल, मिल जाएंगे पर उस जैसा रिक्शा वाला शायद ही मिलेगा। उस रिक्शेवाले की उम्र 23-24 साल रही होगी, सिर पर एक टोपी और एक चौड़ी सी मुस्कान थी उसकी पहचान।

उससे बात करने पर पता चला की रिक्शा चलाने के साथ वह अपनी मेहनत की कमाई से अपनी पढ़ाई भी पूरी कर रहा था और जितने देर वो रिक्शा चलाता था वो हमेशा कोई न कोई गाना-गुनगुनाया करता था। क्या आपको लगता है इसलिए ये रिक्शा वाला बहुत खास था नहीं इसलिए भी नहीं। मुझे वह खास इसलिए लगा क्योंकि उसका एक हाथ नहीं था। वह चाहता तो कटोरा लेकर भीख मांग सकता था। वह चाहता तो वह आजीवन रो सकता था पर उसने दोनों ही चीजें नहीं की और उसने ऐसा कुछ किया जिससे उससे मिलने वाला हर व्यक्ति उसका मुरीद हो जाता था।

उसने हमारे सामने उदाहरण पेश किया कि हम अपने जीवन में कितनी छोटी-छोटी समस्याओं के लिए रोते हैं, इतनी अच्छी स्थिति में होते हुए भी हम कोशिश नहीं करते। हम कहते हैं कि हमारे पास ये नहीं है, वो नहीं है। पर एक ऐसा इंसान जिसके पास इतनी बड़ी समस्या है उसके बावजूद भी वह जीवन का आनंद ले रहा है और वह सब कर रहा है जो वह कर सकता है क्या आपको और हमें भी इस रिक्शे वाले से यह नहीं सीखना चाहिए कि हम भी जीवन के प्रति एक अच्छा सकारात्मक नजरिया रखें। दुखी होने के बजाए खुश रहें और जो कर सकते हों वो करें।

स्ट्रेस मैनेजमेंट से जुड़ी अमल योग्य उपयोगी बातें :

- हेलेन केलर की जीवनी पढ़िये और जानिए कि बहुत सारी शारीरिक समस्याओं के बाद भी उन्होंने जीवन के प्रति सकारात्मक नजरिया कैसे रखा। उनके जाने के बरसों बाद भी आज उनकी गिनती संसार के महान लोगों में होती है।
- खुद से पूछिये कि आप कौन सी समस्या की आड़ लेकर जीवन में आगे नहीं बढ़ रहें हैं? इस बात को गांठ बांध लीजिये की समस्या सभी के जीवन में हैं लेकिन आखिर में जीत उन्हीं की होगी जो समस्याओं के बावजूद अपनी कोशिशें जारी रखेंगे।

❖

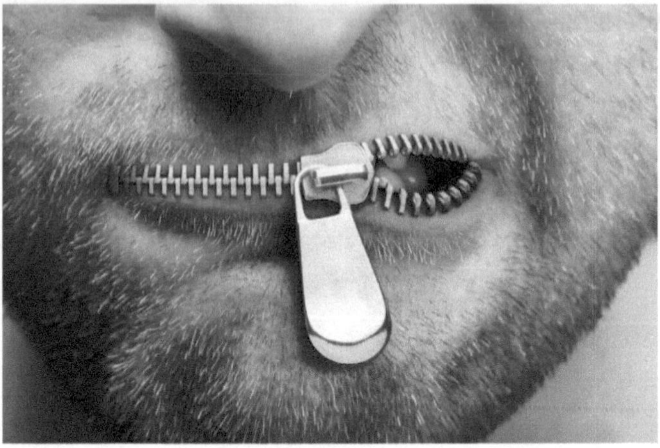

अध्याय 29

अगर कहना ही है तो कुछ अच्छा बोलिए वरना चुप रहना ही बेहतर है

"जानवर न बोलने के कारण समस्या में पड़ते है और इंसान ज्यादा बोलने के कारण।" ***-राजल***

बहुत पुराने जमाने की बात है एक दूसरे राज्य से आए जासूस को पकड़ लिया गया और जासूसी के जुर्म में उसे फांसी की सजा सुनाई गई। जब उसे फांसी दी जा रही थी तभी रस्सी टूट गयी। रस्सी टूटने पर वह जासूस खुशी से पागल हो गया क्योंकि उस समय ऐसी मान्यता थी कि अगर फांसी देते समय रस्सी टूट जाए तो ईश्वर भी उसे जीवित रखना चाहतें है यह मानकर कैदी को क्षमा कर दिया जाता है। जासूस की खुशी वहीं तक नहीं रुकी और उसने जोश में होश खोते हुए कहा कि 'जिस राज्य के लोग रस्सी तक ठीक से नहीं बना सकते वे हमारे राज्य की क्या बराबरी करेंगे?'

एक दूत यह खबर लेकर राजा के पास गया और उसने राजा को बताया कि फांसी देते समय रस्सी टूट गयी और इस वजह से फांसी नहीं दी जा

सकी। यह सुनकर राजा ने माफीनामा के कागज उठाए और उस पर दस्तखत करने जा ही रहे था कि तभी राजा ने दूत से पूछा कि 'क्या रस्सी टूटने के बाद जासूस ने कुछ कहा।' इस पर दूत ने अपना सिर झुकाते हुए बताया कि 'महाराज वो तो कह रहा था कि हमारे राज्य वालो को रस्सी तक बनाने नहीं आती, इसलिए हमारा राज्य कभी उनके राज्य की बराबरी नहीं कर सकता।'

यह सुनकर राजा मुस्कुराए और उन्होंने माफीनामा को फाड़ते हुए कहा कि 'अब हम उससे बताएंगे की हमारे राज्य की रस्सी कितनी मजबूत होती है'। राजा तुरंत अपने दूत के साथ कैदखाने में गए और उन्होंने दोबारा तत्काल ही अपने सामने जासूस को फांसी पर चढ़ाने का आदेश दिया। उनके आदेश का पालन हुआ और इस बार रस्सी नहीं टूटी और जासूस मर गया।

कितनी सारी चिंता हमारी जबान की देन होती है। कई बार हम कुछ ऐसा कह देते हैं जिससे कि हमारे जीवन में प्रलय आ जाता है और चिंता की बाढ़ सी आ जाती है। हमारे मन की तरह ही हमारी जबान एक चाकू की तरह होती है। चाकू के दो हिस्से हैं एक है धारदार हिस्सा और दूसरा है हैंडल। बेहतर होगा हम हैंडल वाली ओर से काम करें ताकि हम चिंता से बचे रह सकें। (यानी कि हम धारधार हिस्से से जहरीली बातें बोल सकते हैं और दूसरों से संबंध खराब करके चिंता में आ सकते हैं या हैंडल का इस्तेमाल करके सोच-समझ करके बात करके अपने जीवन में इन तनावों से बच सकते हैं)

बहुत वर्षों पहले की बात है मैं अपनी दुकान वाच हाऊस पर था दुकान का शटर खुले हुए अभी 5 मिनट ही हुए थे कि एक व्यक्ति हमारे दुकान पर आए। पूछने पर पता चला तो उन्होंने बताया कि "मुझे घड़ी नहीं खरीदनी है, मैं एक सेल्समैन हूँ और सफाई करने का एक लोशन बेचने आया हूँ।"

स्वाभाविक प्रतिक्रिया तो यह थी कि मैं गुस्से में उनसे यह कहूँ की अभी तुरंत दुकान खुली है, हमने पूजा तक नहीं की, कोई सामान भी अभी तक नहीं बिका और आप सुबह-सुबह चले आए मुझे अपना सफाई का लोशन बेचने।

पर मैंने ऐसा नहीं किया यदि मैं ऐसा करता तो संभावना अधिक थी कि न सिर्फ उनका बल्कि मेरा पूरा दिन भी खराब गुजरता इसके बजाए मैं मुस्कुराया और उनसे कहा कि 'हम सफाई के लिए इस ब्रांड का ही इस्तेमाल करते हैं और वो अभी हमारे पास पर्याप्त मात्रा में है और अगर आप चाहें तो देख सकते हैं। मैं आपसे यह सामान तो नहीं ले सकता पर हाँ, आपको शुभकामनाएँ अवश्य दे सकता हूँ कि आज आपकी बिक्री बहुत ही शानदार हो।'

आप जानना चाहेंगे की इसके बाद क्या हुआ? वह सेल्समैन लगभग रोने की स्थिति में आ गया और उसने कहा कि "आज तक किसी ने उससे इस तरह से बात नहीं की ज्यादातर लोग तो हमसे पीछा छुड़ाना चाहते हैं, पहले मेरा भी एक व्यापार हुआ करता था पर समय कुछ ऐसा बदला कि मुझे यह काम करना पड़ रहा है।" उसके बाद उन्होंने खुद को संभाला मुझसे हाथ मिलाया और कहा कि "मुझे आपसे मिलकर सचमुच बहुत खुशी हुई।"

जाते-जाते उन्होंने मुझे मेरे उज्ज्वल भविष्य के लिए शुभकामनाएँ भी दी।

आपकी जबान आपके जीवन में खुशियाँ कैसे ला सकती है इसका एक और उदाहरण मैं आपके साथ साझा करना चाहूँगा जैसा कि आप सभी जानते हैं कि मैं लेखक हूँ और मुझे किताबे लिखने के साथ-साथ किताबें पढ़ना भी बहुत पसंद है इसलिए मैं बहुत सारी किताबें भी खरीदता हूँ और प्रत्येक माह मैं लगभग 10 से 15 किताबें ऑनलाइन मँगवा लेता हूँ। और इन किताबों को मुझ तक पहुंचाने के लिए अनेकों डिलिवरी बॉय आते हैं क्योंकि मैं हमेशा किताबे ऑर्डर करता हूँ इसलिए इनसे अक्सर मेरी मुलाकात होती रहती है। और इन मुलाकातों में मैंने कोशिश यह जानने की कि उनके नाम क्या हैं, वे कहाँ रहते हैं, खाली समय में वे इसके अलावा क्या काम करते हैं इत्यादि।

एक बार की बात है मैं जिस वेबसाइट से किताबे खरीदता था उसी वेबसाइट से मैंने एक मोबाइल फोन ऑर्डर किया था और इस मोबाइल को मैंने एक्सचेंज के अंतर्गत ऑर्डर किया था। एक्सचेंज के एवज में मुझे अपने पुराने मोबाइल के लिए लगभग 5000 (4700 रुपए) की छूट

हो रही थी। मैंने फोन ऑर्डर कर दिया और 3-4 दिन बाद यह मोबाइल आ गया। सुबह-सुबह मुझे डिलिवरी बॉय ने फोन किया और कहा "सर, आपका मोबाइल आया है कृपया पुराना मोबाइल भी लेते आइएगा।" नए मोबाइल की खुशी में मैं बहुत ही उत्साह के साथ सीढ़ियों से उतरा और जैसे ही मैं डिलिवरी बॉय के पास पहुंचा कि तभी अचानक मेरे हाथ से पुराना मोबाइल गिर गया और क्योंकि वह प्लास्टिक का बना था इसलिए उसके पिछले हिस्से में चटक आ गयी। अब डिलिवरी बॉय और मैं दोनों परेशान, डिलिवरी बॉय ने कहा "टूटे मोबाइल का एक्सचेंज नहीं होता है।" मैंने कहा कि स्थिति आपके सामने है यदि संभव हो तो देख लीजिये। डिलिवरी बॉय ने कुछ देर तक कुछ सोचा और कहा 'अच्छा लाइये, दीजिये अगर ऑफिस में कोई कुछ कहेगा तो हम कह देंगे की हमसे ही गिर गया था।' उन्होंने मुझसे मेरा पुराना मोबाइल लिया और मेरा नया मोबाइल मुझे सौंपकर चला गया और एक तरह से कहा जाए तो उन्होंने मेरे लगभग 5000 रुपए भी बचाए।

मेरी सहायता करने में डिलिवरी बॉय का क्या लाभ था? कुछ भी नहीं। बस, क्योंकि मैंने उनसे नियमित रूप से ऐसा व्यवहार किया जो शायद ही कोई दूसरा व्यक्ति करता हो। मैंने जब भी मुंह खोला तो उनसे कहा "नमस्कार... आप कैसे हैं?... सामान के लिए धन्यवाद... आपको सपरिवार होली शुभ हो", इत्यादि।

ज्यादातर लोग ऐसे डिलिवरी बॉय से या तो कोई मतलब नहीं रखते या उनसे अच्छा व्यवहार नहीं करते, और इस बारे में मुझे एक डिलीवरी बॉय ने बताया कि बहुत से लोग उनसे अच्छा व्यवहार नहीं करते और कहते हैं कि "तुम बहुत लेट आते हो लगता है सबसे आखिरी में मेरा सामान पहुंचाते हो, फुटकर क्यों नहीं रखते हो तुम लोग, अब कहाँ से लाएँ फुटकर हम, तुम लोगों को फुटकर पैसे लेकर चलना चाहिए" इत्यादि।

आपको क्या लगता है जैसी घटना मेरे साथ घटी (मोबाइल गिरने की) यदि इन लोगों के साथ ऐसी घटना होती तो क्या डिलिवरी बॉय उनका इतना ही सहयोग करता। मुझे लगता है शायद नहीं।

तो आइये हम प्रभु के दिये इस सुंदर उपहार यानी बोलने की अपनी शक्ति को लोगों का दिल तोड़ने में नहीं बल्कि लोगों के दिलों में जगह बनाने के लिए इस्तेमाल करें।

स्ट्रेस मैनेजमेंट से जुड़ी अमल योग्य उपयोगी बातें :

- प्रभु ने हमें दो कान और एक मुंह इसलिए दिये हैं ताकि हम उसी अनुपात में काम करें यानी कि हम जितना बोलते हैं उससे दोगुना सुने, बोलने से शायद ही हम कुछ सीखते हैं पर सुनने से हमें बहुत कुछ सीखने को मिलता है और हम जितना सीखेंगे उतना ही हम विनम्र बनेंगे।
- बहस का एकमात्र लाभ जो आप ले सकते हैं वह यह है कि इसका हिस्सा ही न बने और इससे जितना जल्दी हो इससे बाहर निकलें और चिंता से बचें।

❖

अध्याय 30

सबसे बड़ा रोग क्या कहेंगे लोग

"यह सोच कि दूसरे लोग आपके बारे में क्या सोचेंगे आपको सदैव कैदी बनाए रखती है।" **-लाओत्सु**

हमें एक और बात से बहुत ज्यादा चिंता होती है कि दूसरे लोग हमारे बारे में आखिर क्या सोचेंगे या क्या कहेंगे, क्या होगा अगर उन्होंने हमारी या हमारे काम की आलोचना कर दी या हमारी हंसी उड़ाई तो क्या होगा? और इसी डर के कारण न जाने हम कितने सारे कामों को करना ही शुरू नहीं करते।

आइये हम एक महिला के बारे में बात करते हैं जो बहुत ही अच्छी गायिका थी पर 'लोग क्या कहेंगे' के डर से ग्रसित थी, आप सोच रहे होंगे की जब वह बहुत अच्छा गाती थी तो डर किस बात का? दरअसल समस्या यह थी कि उसके दाँत बहुत बड़े थे और जब भी वह भीड़ के सामने गाती थी तो उसका सारा ध्यान अपने गाने की बजाए इस बात पर रहता था कि कहीं लोग उसके बड़े दांतों को न देख लें और इसी वजह से उसका प्रदर्शन खराब हो जाता था।

एक बार उसने एक गायन प्रतियोगिता में हिस्सा लिया, उस प्रतियोगिता के जज बहुत ही अनुभवी थे और उन्हें गायन के क्षेत्र में कई दशकों का अनुभव था। जब महिला का गाने का नंबर आया तो उसने गाने को गाना शुरू किया पर हमेशा की तरह उसका ध्यान अपनी दांतों पर था और इस वजह से यहाँ भी उसका प्रदर्शन अच्छा नहीं रहा। जब उसका गाना खत्म हुआ तो जज ने उससे कहा "देखो बेटा, मुझे लगता है गायन के क्षेत्र में मैं उस समय से हूँ जब तुम्हारा क्या, मेरा अनुमान है कि तुम्हारी माँ का भी जन्म नहीं हुआ होगा। बेटा मेरा अनुभव मुझे बता रहा है कि तुम्हारे अंदर जबर्दस्त प्रतिभा है और तुम जितना सोचती हो तुम उससे भी अच्छा गा सकती हो पर तुम्हारे साथ समस्या यह है कि तुम्हें तुम्हारे दांतों पर शर्म आती है। बेटा, चाहे तुम्हारे गुण हो या अवगुण, तुम जैसी भी हो सबसे पहले खुद को वैसे ही स्वीकारो जैसे कि तुम हो। हो सकता है भगवान ने तुम्हें सामान्य से बड़े दाँत दिये हों पर उन्होंने ही तुम्हें यह गाने का हुनर भी दिया है। यहाँ जितने भी लोग हैं उनमें से न ही किसी के पास तुम्हारे जैसे बड़े दाँत हैं, न ही तुम्हारे जैसे गाने का हुनर। आज भले ही तुम इस प्रतियोगिता में हार गयी हो लेकिन मेरा तुमसे वादा है कि अगर तुमने अपने दांतों पर ध्यान देना छोड़कर अपने गायन पर ध्यान दिया तो ऐसी कोई प्रतियोगिता नहीं है जिसे तुम जीत न सको।"

उस जज के शब्दों ने लड़की पर तो जैसे जादू कर दिया और उसके बाद उसने खुद को बड़े दाँतो के साथ स्वीकार कर लिया। अब वह खुल कर मुस्कुराती थी और खुलकर गाती थी और यही नहीं वह अपनी देश की सबसे बड़ी गायिकाओं में से एक बनी।

अगर आप खुद के साथ आरामदेह नहीं हैं तो कोई और भी आपके साथ आरामदेह नहीं रहेगा। अगर आप खुद को नहीं स्वीकारेंगे तो कोई और भी नहीं स्वीकारेगा। कोई भी इस संसार में बिना कमियों के जन्म नहीं लेता बस आवश्यकता यह है कि हम अपनी कमियों की बजाए अपने मजबूत पहलुओं को और भी ज्यादा मजबूत बनाए।

अगर आप कोई काम करना चाहते हों और डर रहें हों की लोग क्या सोचेंगे या क्या कहेंगे? तो यह जान लें कि वास्तविकता यह है कि हर आदमी के जीवन में इतनी सारी समस्याएँ और इतने काम हैं कि बहुत कम

लोग ही हमारे बारे में सोचते हैं हर कोई सिर्फ और सिर्फ अपने बारे में ही सोच रहा है। अगर किसी काम को करने से आपका भविष्य उज्ज्वल होता है या आपके मन को शांति मिलती है तो उसे जरूर करिए। बस इतना ध्यान रखिए कि आप जो भी काम करते हैं वह गैर कानूनी ना हो और इससे किसी के अधिकारों का हनन न हो।

स्ट्रेस मैनेजमेंट से जुड़ी अमल योग्य उपयोगी बातें :

- उन कामों की सूची बनाए जिसे आप इस डर के कारण टालते आएँ हैं कि दूसरे लोग क्या सोचेंगे क्योंकि अब आप इस डर से मुक्ति पा चुके हैं तो आइये उस सूची में से एक-एक करके सभी कामों को निपटाते हैं।
- अगर अब भी उस काम को करने में आपको डर लग रहा है तो एक और सूची बनाइये जिसमें वो सभी बातें लिखिए की अगर आपने उस काम को नहीं किया तो उसके परिणामस्वरूप आपको क्या-क्या नुकसान होगा? जब आप यह सूची बना लेंगे तो संभावना है कि नुकसान के डर से ही आप उस काम को करने के लिए प्रेरित हो जाएंगे।

❖

अध्याय 31

चिंता से राहत पहुंचाने वाली एक चीज जिसे हम नजरअंदाज करते हैं

"आपका मस्तिष्क आपकी सभी समस्याओं का उत्तर खोज सकता है यदि आप विश्राम करना और उत्तर की प्रतीक्षा करना सीख लें।" ***-मोइसेस एरियस***

मैं आपसे निवेदन करूंगा कि आप एक रबरबैंड लीजिये इसे अपने दोनों हाथ की दो-दो उँगलियों में फंसाइए और खींचिए और खींचते जाइए। जब आप ऐसा करेंगे तो एक बिन्दु ऐसा आएगा कि वह रबर बैंड पूरी तरह से टूट जाएगा।

आइये एक और रबर बैंड लेते हैं और अब इसे उस सीमा तक खींचिए और जब आपको लगे की यह टूटने वाला है तो इसे तुरंत ही इसे ढीला छोड़ दीजिये। फिर दोबारा इसे अपने दोनों हाथ की दो-दो उँगलियों से खींचिए और फिर जब आपको लगे की यह टूटने वाला है तो इसे तुरंत ढीला छोड़ दीजिये।

अब आपसे दो प्रश्न, सबसे पहला क्या टूटे हुए रबर बैंड के साथ आप ऐसा कर सकते हैं? और इसका जवाब है बिलकुल भी नहीं। अब दूसरा प्रश्न दूसरे रबर बैंड को खींचने और ढीला छोड़ने की विधि से हम रबर बैंड को कितने बार खींच सकते हैं? और इसका उत्तर होगा जितनी बार हम चाहें।

बिलकुल, इसी तरह हमारा शरीर है, हमें याद रखना होगा कि यह मशीन नहीं है इसलिए इसे भी हम काम के दबाव में इतना नहीं खींच सकते की यह पूरी तरह से टूट जाए बल्कि बेहतर तो यह होगा कि हम काम के बीच-बीच में इसे थोड़ा-थोड़ा विश्राम देते रहें ताकि यह रिचार्ज रहे और जिससे न सिर्फ आपकी उत्पादकता बढ़े बल्कि आपका शरीर भी फिट रहे।

मैं आपके साथ शरीर को विश्राम पहुंचाने की कुछ तकनीके साझा करना चाहूँगा:

- सबसे पहले अगर संभव हो तो दिन में भी एक से दो बार आधा-आधा घंटे के लिए लेटने की कोशिश करें अगर यह संभव न हो तो अपनी कुर्सी पर ही रिलैक्स होकर खुद के शरीर को ढीला छोड़ दें और आधे घंटे के लिए मधुर संगीत का आनंद लें।
- एक और विधि हैं 30 बार जोर से सांस अंदर खींचना और जोर से सांस बाहर छोड़ना इससे आपके शरीर में प्रचुर मात्र में ऑक्सिजन का प्रवाह हो जाता है और आपके शरीर को काफी राहत मिलती है।
- एक और तरीका है कि आप अपनी आँखें बंद कर लें और अपने हर एक अंग से बात करें। उदाहरण के तौर पर "मेरा दायाँ हाथ रिलैक्स (शिथिल) है, मेरा दाया हाथ रिलैक्स है, मेरा बायाँ हाथ रिलैक्स है, मेरा बाया हाथ रिलैक्स है" इसी प्रकार प्रत्येक अंग के बारे में धीमे-धीमे कई बार (कम से कम 10 बार) मन ही मन बोलें आप पाएंगे कि सच में आपको बहुत राहत मिलेगी।
- एक और तकनीक जो आप आजमा सकते हैं वह यह है कि आप अपनी आंखे बंद कर लें और आप धीमे-धीमे कल्पना करें कि आपका एक-एक अंग धागे का बना है और वह कितना ढीला है, कल्पना में अपने धागे से बने प्रत्येक अंग को बार-बार देखें और आप पाएंगे आप सच में कितना ढीला महसूस कर रहे हैं।

- एक और तरीका है अपनी आँखें बंद करें और धीमे-धीमें मन ही मन 1 से 1000 तक गिनती गिने अगर आपका दिमाग इधर-उधर भागने लगे तो गिनती को दोबारा शुरू करें पर 1000 तक जरूर पहुंचे और आप पाएंगे कि आप सच में बहुत रिलैक्स हो गए हैं।
- एक और तरीका है कि आप शांति से बैठ जाएँ और कुछ भी न सोचें सिर्फ अपनी साँसों को महसूस कीजिये की कैसे वायु आपके शरीर के अंदर जा रही और बाहर निकल रही है, इस पर अपना ध्यान लगाएँ रखें और थोड़ी ही देर में आप आश्चर्यजनक रूप से रिलैक्स हो जाएंगे।

तो ये थी कुछ विधियाँ जिनके द्वारा आप आसानी से रिलैक्स हो सकते हैं। हो सकता है कि आप कोई दूसरी विधि अपनाना चाहें तो मैं आपको प्रोत्साहित करूंगा की आप बिलकुल अपनाएं क्योंकि सबसे महत्त्वपूर्ण हैं आपका रिलैक्स होना और चिंता मुक्त रहना।(और आप चाहें तो अपनी यह विधि मेरे पास भी भेज सकते हैं)

स्ट्रेस मैनेजमेंट से जुड़ी अमल योग्य उपयोगी बातें :

- जब अगले दिन का टाइम टेबल बनाए तो उसमें कम से कम आधे घंटे के दो स्लॉट/खंड खाली रखें जिनमें आप आराम करेंगे और आराम के अलावा कोई काम नहीं करेंगे।
- दो रबर बैंड लीजिये और ऊपर बताए प्रयोग को कीजिये और खुद से पूछिये जब मैं टूटे हुए रबर बैंड को जोड़ने की मूर्खता नहीं कर सकता तो अपने शरीर को तोड़ने की मूर्खता क्यों कर रहा हूँ?

❖

अध्याय 32

चिंता से बचने के लिए दिन की शानदार शुरुआत करें

"हे प्रभु मेरे जीवन में एक और दिन जोड़ने के लिए आपका हृदय से आभार।" ***-राजल***

क्या आपने कभी गौर किया है कि अगर दिन की शुरुआत अच्छी होती है तो सामान्यतः पूरा दिन अच्छा गुजरता है और अगर किसी कारणवश दिन की शुरुआत अच्छी नहीं होती तो पूरा दिन भी अच्छा नहीं जाता। अगर ऐसी बात है तो क्यों न जान बूझकर अपने दिन की अच्छी शुरुआत की जाए।

ऐसा कैसे किया जाए? चलिये मैं बताता हूँ कि मैं सुबह उठते ही क्या करता हूँ। सुबह उठते ही मैं सबसे पहले मुस्कुराता हूँ और ईश्वर को मेरे जीवन में एक और दिन जोड़ने के लिए धन्यवाद देता हूँ। उसके बाद अपने परिवार, अच्छे स्वास्थ्य, स्वच्छ भरपेट भोजन इत्यादि जैसी चीजों के लिए हृदय की गहराइयों से आभार व्यक्त करता हूँ। जब मेरी निगाह सूर्य की ओर पड़ती है तो मैं सूर्य देवता को भी धन्यवाद देता हूँ कि वे आज भी चमक

रहे हैं यानी धरती पर आज भी जीवन है। जब मैं कपड़े पहनता हूँ तो भी मैं प्रभु को धन्यवाद देता हूँ कि उन्होंने मुझे इतने अच्छे कपड़े दिये क्योंकि आज भी ऐसे बहुत से लोग हैं जिनके पास ऐसे कपड़े नहीं है (अच्छे कपड़े पहनने से आत्मविश्वास बढ़ता है और आप अच्छा दिखते हैं और अच्छा महसूस करते हैं और आपका दिन भी अच्छा गुजरता है)।

फिर जब सुबह नाश्ते की बारी आती है तो भी मैं प्रभु के प्रति आभार व्यक्त करता हूँ कि उन्होंने मुझे इतना सौभाग्यशाली बनाया कि मुझे इतना अच्छा भोजन मिल रहा है, आज भी धरती पर ऐसे बहुत से लोग हैं जो इससे वंचित हैं। (नाश्ते में मैं सुझाव दूँगा चाय के बजाए की फलों और अंकुरित चने जैसी चीजों से दिन की शुरुआत करें क्योंकि इससे आपको नई ऊर्जा मिलती है)

और जब मैं काम से निकलने वाला होता हूँ तो अगर संभव होता है तो मैं आईने में खुद से कई बार जोर से और उत्साह के साथ मुस्कुराते हुए कहता हूँ "आज का दिन शानदार होने वाला है, मैंने आज के लिए कल ही तैयारी कर ली थी और आज मेरे नियंत्रण में हैं" (दिन की योजना बनाने के बारे में मैंने अध्याय 44 में बताया है, जब आप दिन की योजना पहले से ही बना लेते हैं तो पूरा दिन आपके नियंत्रण में होता है और आपको चिंता महसूस नहीं होती तो इसलिए अगले दिन के कपड़े से लेकर काम तक की योजना पहले ही बना लें) और अगर ऐसा संभव नहीं हो पाता तो मैं यह बात मन ही मन खुद से दोहराता हूँ।

और मैं पाता हूँ कि क्योंकि मैंने अपने दिन की योजना पिछली रात ही बना ली थी और क्योंकि मैंने सुबह-सुबह ही अपने दिमाग में सकारात्मक ईंधन डाला है तो मेरा पूरा दिन अच्छा गुजरने की संभावना बहुत बढ़ जाती है और जब मैं पाता हूँ कि मैं ऐसे नकारात्मक लोगों से मिल रहा हूँ जो मुझे मेरी दिशा से भटका रहे हैं तो मैं खुद को मारकस औरलीयस का यह कथन याद दिलाता हूँ उन्होंने कहा था "मैं आज ऐसे लोगों से मिलुंगा जो स्वार्थी, अहंकारी और एहसानफरामोश हैं परंतु मैं आश्चर्यचकित या परेशान नहीं होऊंगा क्योंकि ऐसे लोगों के बिना मैं इस संसार की कल्पना नहीं कर सकता" और फिर मैं उन लोगों को मुस्कुरा कर नजरअंदाज करता हूँ और आगे बढ़ता हूँ।

आज से आप भी गौर करिए की आप अपने दिन की शुरुआत कैसे करते हैं? हमेशा याद रखिए यदि आप दिन की शानदार शुरुआत करते हैं तो आपके चिंतमुक्त रहने की सम्भावना काफी हद तक बढ़ जाती है।

स्ट्रेस मैनेजमेंट से जुड़ी अमल योग्य उपयोगी बातें :

- एक महान व्यक्ति अपने दिन की शुरुआत इस प्रार्थना से करता था "मुझे विश्वास है कि आज का दिन बहुत शानदार होगा। मुझे पूरा विश्वास है कि मैं आज मेरे सामने आने वाली सभी चुनौतियों का सफलतापूर्वक समाधान कर लूँगा। मैं शारीरिक, मानसिक, भावनात्मक रूप से अच्छा अनुभव करता हूँ। जीवन बहुत सुंदर है और जीवित रहना एक वरदान है। मेरे पास जो कभी था या जो अभी है या जो भविष्य में रहेगा उसके लिए मैं प्रभु का हृदय से आभार व्यक्त करता हूँ। मेरे साथ जो भी होगा अच्छा होगा क्योंकि प्रभु सदैव मेरे साथ हैं और वे सदैव मेरी सहायता करते हैं। मैं प्रभु को अपने जीवन के प्रत्येक अच्छी चीजों के लिए धन्यवाद देता हूँ" अगर आप भी चाहें तो दिन की शुरुआत इस प्रार्थना से करें।

❖

अध्याय 33

आप खुद से कैसे बात करते हैं

"तीन चीजें बहुत कठोर होती है : स्टील, हीरा और खुद को जानना।" ***-बेंजामिन फ्रैंक्लिन***

मनुष्य का दिमाग कभी शांत नहीं रहता इसमे हमेशा कुछ न कुछ चलता ही रहता है यानि की हम हमेशा कुछ न कुछ आत्म-चर्चा करते रहते हैं। सरल शब्दो में हम हमेशा मन ही मन खुद से बात करते रहते हैं और लाखों करोड़ों लोगों पर किए गए शोध बताते हैं कि 90 प्रतिशत से अधिक लोग नकारात्मक आत्म चर्चा करते हैं। वे अपनी गाड़ी रिवर्स गेयर/पिछले गेयर में डाल कर चलाते हैं वे खुद को ऐसे कारण देते हैं कि वे क्यों असफल हो जाएंगे और जिस वजह से वे हमेशा चिंता में रहते हैं।

इसका इलाज बहुत ही सरल सा है हम अपनी आत्म-चर्चा को बदल लें। हम जब भी खुद से मन ही मन बात करें तो खुद को प्रोत्साहित करें कि हम वो काम क्यों और कैसे कर सकते हैं।

हम खुद को अपनी पुरानी सफलताओं के बारे में याद दिलाएँ :

- **जब भी हमारी अनुचित आलोचना हो तो हम खुद को याद दिलाए:** "यह उनका नजरिया है मेरा नहीं, मैं बिना कोशिश किए हार नहीं मानूँगा, अगर मैं पहली बार सफल नहीं भी हुआ तो भी मैं इससे कुछ न कुछ सीखूँगा और दोबारा कोशिश करूंगा।"
- जब काम आपकी सीमा से बाहर का लगे तो खुद से आप ऐसी आत्म-चर्चा कर सकते हैं "हो सकता है मैं अकेले यह काम न कर पाऊँ पर मैं प्रभु की सहायता से यह काम अवश्य कर सकता हूँ। वो सदैव मेरे साथ और मेरे पास हैं और वो मुझे राह दिखा रहें हैं।" या आप ये भी आजमा सकते हैं "प्रभु भी उन्ही की सहायता करते हैं जो अपनी सहायता खुद करते हैं, इसलिए मैं अपना सर्वोत्तम प्रयास करूंगा ताकि प्रभु भी मेरी सहायता करें।"

मेरा सुझाव होगा की आप कभी भी किसी नकारात्मक वाक्य को पूरा न करें बल्कि उनके स्थान पर कोई सकारात्मक वाक्य बोलने की आदत डालें। शुरू में तो ये थोड़ा कठिन होगा क्योंकि हम एक ऐसे परिवेश में बड़े होते हैं जहां नकारात्मकता हमारे चारो ओर हावी है, हमे बार-बार ऐसे कारण गिनाए जाते हैं कि हम कोई काम क्यों नहीं कर पाएंगे। इसलिए बेहतर होगा की हम सकारात्मक आत्म-चर्चा के द्वारा अपनी पीठ खुद थपथपाने की आदत डालें।

मैं तो आपको ये भी सुझाव दूंगा की आप जैसे इंसान बनना चाहते हैं उन गुणो की सूची बना लें और रोज आईने के सामने कम से कम दो-तीन बार जोर से और भावना के साथ पढ़े। उदाहरण के लिए आप चाहते हैं कि आप एक खुश, आत्म-अनुशासित, पैसे बचाने वाले, सेहतमंद, लोकप्रिय और आकर्षक व्यक्ति बने। इसके लिए आप एक इस तरह की स्क्रिप्ट लिख सकते हैं।

"प्रभु ने मुझे ये शानदार मनुष्य का जीवन दिया है और इस जीवन से मैं बहुत खुश हूँ, मैं बहुत ही ज्यादा आत्म अनुशासित हूँ और अपना हर काम समय पर पूरा करता हूँ, मैं पौष्टिक भोजन करता हूँ और मैं नियमित व्यायाम करता हूँ इसलिए मैं बहुत सेहतमंद हूँ, मैं अपने शरीर का ध्यान

रखता हूँ और अच्छे कपड़े पहनता हूँ इसलिए मैं बहुत आकर्षक दिखता हूँ मैं दूसरे लोगों की हरसंभव सहायता करता हूँ और उनमे भी रुचि लेता हूँ इसलिए मैं बहुत लोकप्रिय हूँ।"

हो सकता है की आप इस पर विश्वास न करें पर मैं आपको सुझाव दूंगा की आप इसे बस 10 दिन तक लगातार आजमा कर देख लें (जोर-जोर से और भावनाओं के साथ दिन में कम से कम 2-3 बार) तो आपको फर्क साफ नजर आने लगेंगे।

स्ट्रेस मैनेजमेंट से जुड़ी अमल योग्य उपयोगी बातें :

- **कभी भी किसी नकारात्मक वाक्य को पूरा ना करें :** जब भी आप कोई नकारात्मक वाक्य बोलने जा रहे हों तो तुरंत रुक जाए और इसे बदलकर कोई सकारात्मक वाक्य बोलें, शुरू में तो यह थोड़ा कठिन होगा पर आगे चलकर यह आपकी आदत बन जाएगी और यह आपके बाएँ हाथ का खेल बन जाएगा। उदाहरण के तौर पर मान लीजिए की आपका सपना है की एक बड़ी सी गाड़ी लेने का, कभी भी किसी से भी, अपने मन में भी ये न कहें कि "आप इस गाड़ी को नहीं खरीद पाएंगे क्योंकि आपके पास पैसे नहीं है।" बल्कि इसे नकारात्मक वाक्य को बदलकर सकारात्मक कर लें "मेरा सपना है कि मैं इस गाड़ी को खरीदूं और मैं इस गाड़ी को खरीद कर रहूंगा भले ही इसके लिए मुझे कितनी भी मेहनत करनी पड़े।"
- आप जैसा इंसान बनना चाहते हैं उसकी स्क्रिप्ट बनाए और उसे दिन में कम से कम 2 से 3 बार पूरी भावना के साथ जोर से पढ़ें। इस काम को लगातार 10 दिन तक जारी रखें और अपने जीवन में आने वाले चमत्कारिक परिवर्तन को देखकर आप आश्चर्यचकित रह जाएंगे।

❖

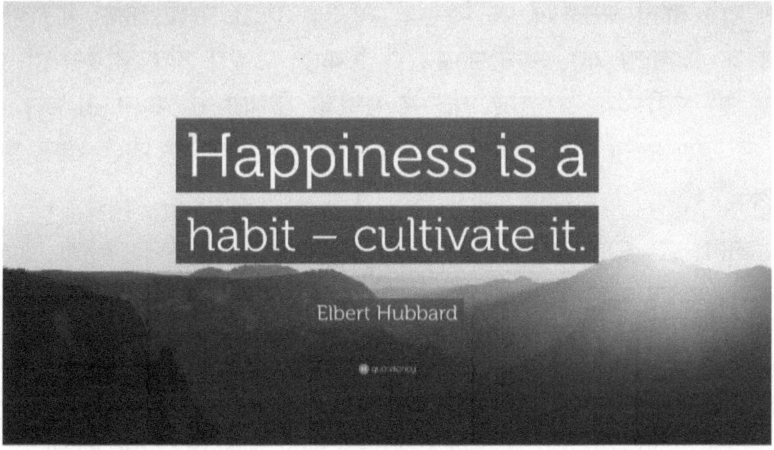

अध्याय 34

खुश रहना एक आदत है

"खुश रहना कभी भी फैशन के बाहर नहीं जाता।"

-लिली पुलित्जर

गर्मी भरा मौसम था एक ट्रेन जो लगभग 12 घंटे लेट से चल रही थी उसके अंदर यात्रियों का बुरा हाल था। सभी यात्रियों के अंदर बहुत ज्यादा गुस्सा था और नाराजगी भी। पर ट्रेन की एक बोगी ऐसी भी थी जिसमें एक लगभग 60 वर्षीय आदमी मुस्कुरा रहा था और गाना गुन गुना रहा था। उसके अगल बगल के यात्री ने सोचा कि हो सकता है यह पागल हो जो इतनी समस्याओं में भी ऐसी हरकतें कर रहा है। अगल-बगल में बैठे यात्रियों में से एक का गुस्सा बढ़ता ही जा रहा था और आखिरकार उसने गुस्से में उस व्यक्ति से पूछ ही लिया "आखिर क्या बात है जो आप इतनी समस्याओं में भी खुश नजर आ रहें हैं।"

वह 60 वर्षीय व्यक्ति मुस्कुराया और उसने कहा "देखो बेटे, जब मैं रोज सुबह उठता हूँ तो मेरे पास दो विकल्प होते हैं या तो मेरे साथ उस

दिन होने वाली घटनाओं पर मैं दुखी रहूँ या सुखी। बरसो पहले मैंने दुखी होने के विकल्प को अपने जीवन से निकाल फेंका। और धीमे-धीमे हर तरह की परिस्थिति पर चाहे वो मेरे मन के हिसाब से या न हो उस पर भी मैं खुश रहना सीख गया। इसलिए बेटे कुल मिलाकर खुश रहना एक आदत है।"

आप और मैं न जाने कितने लोगों से मिलते हैं जो बिना कारण के ही नाखुश या चिंता में रहते हैं जब उनसे इसके पीछे का कारण पूछा जाता है तो वे नहीं बता पाते जिससे यह स्पष्ट हो जाता है कि नाखुश रहना या चिंता में रहना उनकी आदत बन चुकी है।

किसी महान आदमी ने कहा है कि पहले हम आदतें बनाते हैं और बाद में आदतें हमें बनाती हैं। आदतें हमारे जीवन का एक बहुत ही महत्त्वपूर्ण हिस्सा है और यह हमारे जीवन की दिशा को बहुत ज्यादा प्रभावित करती है इसलिए बेहतर होगा कि हम अच्छी आदतों को विकसित करने पर मेहनत करें जिनमें से खुश रहने की आदत बहुत महत्त्वपूर्ण है।

खुशी की आदत एक दिन में विकसित नहीं हो सकती इसके लिए हमें प्रयास करना पड़ेगा। हर दिन जिससे भी मिलिये पूरे दिल से मिलिये, सामने वाले को लगना चाहिए कि आपको उससे मिलकर बहुत खुशी हुई। हर दिन मिलने वाले प्रत्येक व्यक्ति में कमियाँ नहीं बल्कि अच्छाइयाँ खोजें और उन्हें बताएं भी, इससे न सिर्फ सामने वाला व्यक्ति खुश होगा बल्कि आप भी खुश होंगे।

रोज अच्छे कपड़े पहने और अच्छे से तैयार हों। जब आप ऐसी छोटी-छोटी चीजें करने लगेंगे तो आपके लिए भी खुश रहना एक आदत बन जाएगी।

स्ट्रेस मैनेजमेंट से जुड़ी अमल योग्य उपयोगी बातें :

- क्योंकि वर्तमान समय में चिंता हमारे ऊपर इतना ज्यादा हावी हो गयी है इसलिए यह हमारी आदत बन गयी है तो क्यों न हम अपनी गति थोड़ी धीमी कर लें और अपने दोस्तों से मिलने के लिए भी थोड़ा समय निकालें, अपने परिवार के लोगों के साथ समय बिताये और बेहतर होगा

कि आप छोटे-छोटे बच्चों के साथ समय बिताएँ क्योंकि आप उन बच्चों के साथ आप भी बच्चे बन जाएंगे और अपनी चिंता को भूल जाएंगे। किसी नए रेस्टोरेन्ट में जाएँ और एक नए प्रकार के भोजन का आनंद लें। प्रकृति के समीप जाएँ नदियों, पहाड़ियों का आनंद लें, प्रकृति की सुंदरता और शांति का आनंद लें।

- दूसरों में बुराई के बजाए अच्छाई खोजने की आदत डालें और उन्हें उनकी अच्छाइयों के बारे में बताए भी, न सिर्फ सामने वाला व्यक्ति अच्छा महसूस करेगा बल्कि आप खुद भी बहुत अच्छा महसूस करेंगे।
- **प्रतिदिन व्यायाम करें, अच्छे कपड़े पहने:** जब आप व्यायाम करते हैं तो आप ऊर्जावान महसूस करते हैं। इसी प्रकार जब आप अच्छे कपड़े पहनते हैं तो भी आप अपने बारे में अच्छा महसूस करते हैं।

❖

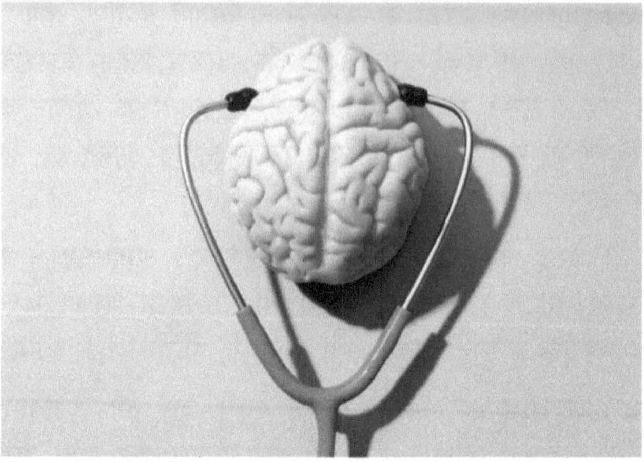

अध्याय 35

मानवीय स्वभाव के बारे में जाने

"मुझे इस संसार में मानव तो बहुत सारे दिखते हैं पर मानवता मुश्किल से दिखती है।" **-जेसन डोनोह्यू**

हम अपना पूरा जीवन अन्य लोगों के साथ बिताते हैं, चाहे घर हो या घर के बाहर हमें मनुष्यों से मिलना और व्यवहार करना पड़ता है और यह एक दिन नहीं बल्कि आजीवन चलता रहता है इसलिए यह बेहतर होगा कि हम मानवीय स्वभाव के बारे में अपनी जानकारी को बढ़ाए क्योंकि ऐसा पाया गया है कि हमारी ज्यादातर समस्याएं और चिंता हमें दूसरे लोगों के साथ हमारे संबंधों की वजह से होती है। यह इतना बड़ा विषय है कि इस पर एक पूरी किताब लिखी जा सकती है। इस अध्याय में मैं मानवीय स्वभाव के बारे में कुछ छोटे-छोटे विचार साझा करूँगा ताकि आप उनके बारे में जाने और चिंता मुक्त रह सकें।

- **लोगों की रुचि आप में नहीं खुद में होती है :** याद करिए अपने स्कूल या कॉलेज के दिनों को जब आपका ग्रुप फोटो लिया जाता था और यह ग्रुप फोटो आपको मिलता था तो आपको क्या लगता है इस

ग्रुप फोटो में आपका साथी किसको सबसे पहले खोजेगा, क्या आपको? जब स्कूल में नोटिस बोर्ड पर रिजल्ट चिपकाया जाता था तो आपको क्या लगता है कि उस रिजल्ट में आपका मित्र सबसे पहले आपका रिजल्ट देखेगा या खुद का? 99 प्रतिशत संभावना यह है कि आपका मित्र सबसे पहले ग्रुप फोटो में अपने आपको खोजता, इसी प्रकार रिजल्ट की लिस्ट में भी आपके बजाए वो खुद को पहले खोजता। जिससे यह स्पष्ट हो जाता है कि लोगों की रुचि खुद में होती है।

- **लोग चाहते हैं कि उन्हें सराहा जाए :** एक बात मैं आपसे पूछना चाहूँगा लोग फेस्बूक, इंस्टाग्राम इत्यादि पर अपनी फोटो क्यों डालते हैं और उस एक फोटो खिंचवाने से पहले काफी देर तक इतनी मेहनत क्यों करते हैं। इसके पीछे कारण यह है कि लोग सराहना चाहते हैं, अच्छा दिखना चाहते हैं, लोग चाहते हैं कि उन्हें पसंद किया जाए। इसलिए जब वे अपनी फोटो फेसबूक या इंस्टाग्राम पर डालते हैं तो वे चाहते हैं कि उनके डाले फोटो को लोग पसंद करे, उस पर कमेन्ट/टिप्पणी करें और जब ऐसा होता है तो उन्हें खुशी मिलती है और यदि आप उनके फोटो को लाइक करते हैं तो वे खुश होते हैं और कोई अच्छा कमेन्ट करते हैं तो उन्हें और भी ज्यादा खुशी महसूस होती है और वे आपको भी पसंद करने लगते हैं।
- **लोग दूसरों से बेहतर दिखना चाहते हैं :** आपको क्या लगता है कि महंगी गाड़िया, महंगे मोबाइल, बड़े-बड़े बंगले जैसी चीजों के मालिक को क्या सचमुच इनकी जरूरत होती है। शायद नहीं, पर इन चीजों को वो इसलिए करते हैं ताकि वे दूसरों से बेहतर दिख सकें और दूसरों पर श्रेष्ठता की भावना का आनंद ले सकें।
- **लोग अच्छा बनना नहीं चाहते वे तो सिर्फ अच्छा दिखना चाहते हैं :** मैंने पाया है कि ज्यादातर लोग सिर्फ अच्छी और बड़ी-बड़ी बातों के माध्यम से सिर्फ अच्छा दिखना चाहते हैं जब उन बातों को करने की बात आती है तो उसका वास्तविकता से कोई लेना देना नहीं होता। वो सिर्फ बातों तक ही सीमित रह जाती है।
- **लोग आपके बारे में नहीं ज्यादातर समय खुद के बारे में सोच रहे होते हैं :** एक और उदाहरण लेते हैं, जब भी हम किसी शादी या पार्टी

में जाते हैं तो हम यह सोचते हैं कि हमने जो शानदार कपड़े पहने हैं उसे दूसरे लोग देखें और हमारी तारीफ करें और सामने वाला व्यक्ति क्या चाहता है? सामने वाले व्यक्ति ने भी तो बहुत अच्छे कपड़े पहने हैं, अपने रंग रूप पर मेहनत की है ताकि लोग उसे देखें और उसकी तारीफ करें। पर होता ये है क्योंकि सामने वाला हमारी तारीफ नहीं करता इसलिए हम भी नहीं करते। और यहीं हम मानवीय स्वभाव के बारे में भूल करते हैं। इसे चाहे तो अपने घर में किसी ऐसी जगह पर बड़े-बड़े अक्षरों में लिख कर टांग लें "लोगों की सबसे अधिक रुचि खुद में और खुद के भले में होती है" यानी कि अगर आप यह अपेक्षा करें कि सामने वाला आपके कपड़ों के बारे में सोच रहा है तो आपके गलत होने की संभावना अधिक है क्योंकि वो तो सिर्फ अपने कपड़ों बारे में सोच रहा है वो यही चाहता है कि लोग उसे देखें और उसकी सराहना करें।

ऐसी बहुत सारी बातें हैं जिन्हें यदि हम जान लें तो हम यह आसानी से समझ जाएंगे कि यह मनुष्य का स्वभाव है और इसलिए हमें चिंता करने की नहीं बल्कि अपने काम पर ज्यादा ध्यान देने की जरूरत है। इसलिए बेहतर होगा कि हम मनुष्य के स्वभाव के बारे में अधिक से अधिक जानकारी रखें।

स्ट्रेस मैनेजमेंट से जुड़ी अमल योग्य उपयोगी बातें :

- **पहले बोएँगे और बाद में काटेंगे :** पहले लोगों को सम्मान दें उनके नाम को याद रखें उनके बारे में जानने की कोशिश करें और जब आप ऐसा करेंगे तो बदले में वे भी (ज्यादातर लोग) आपको सम्मान देंगे और आपके बारे में जानने की कोशिश करेंगे।
- **खुद पहल करिए :** ज्यादातर लोग नए लोगों से मिलने और बात करने से कतराते हैं पर आप पहल करने वाला बनिए और जब आप ऐसा करेंगे तो कुछ ही दिनों में आपकी गिनती समाज के सबसे लोकप्रिय लोगों में होगी।

❖

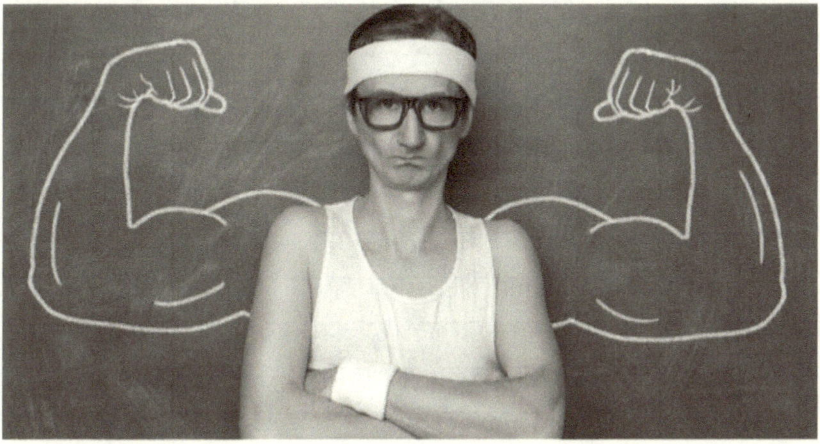

अध्याय 36

शुरू में कोई माहिर खिलाड़ी नहीं होता

"कोई भी परफेक्ट नहीं होता इसीलिए पेंसिल के साथ रबड़ (इरेजर) भी बनाए जाते हैं।" ***-वोल्फगैंग रीबे***

अभी कुछ दिनों पहले मेरी एक शुभचिंतक से बात हो रही थी जो एक स्पोकेन इंग्लिश सेंटर (अँग्रेजी कैसे बोलें, सीखाते हैं) चलाते हैं। वे बताते हैं कि हमारी पूरी टीम बच्चों को अँग्रेजी बोलना सीखाने में जी जान लगा देती है फिर भी बहुत कम लोग अँग्रेजी बोलना सीख पाते हैं जिसके पीछे मुख्य वजह यह है कि लोग सोचते हैं कि वो बोलना शुरू करते ही परफेक्ट (100% सही) हो जाएंगे और उनसे कोई गलतियाँ नहीं होंगी पर वास्तविकता तो यह है जब भी हम कोई नया काम करते हैं तो हम उसमें बिलकुल भी अच्छे नहीं होते। शुरू में हम बहुत सारी गलतियाँ करते हैं, उनसे सीखते और सुधार करते हैं और फिर कुछ समय बाद हमारी स्थिति काफी सुधर जाती है और लोगों को लगता है कि हम उस विषय के विशेषज्ञ बन गए हैं।

एक और भ्रम जो बच्चों के मन में रहता है कि कहीं उन्होंने गलत बोल दिया या बीच में फंस गए तो लोग उन पर हँसेंगे और उन्हें शर्मिंदा होना

पड़ेगा। इस वजह से भी वह अँग्रेजी बोलना शुरू नहीं कर पाते।

सिर्फ अँग्रेजी बोलना ही नहीं ऐसे बहुत सारे काम है जिनमें हम पर्फेक्ट नहीं होने के डर से शुरू नहीं करते। परफेक्शन(100% सही होने का गुण) के बहुत ज्यादा चक्कर में न पड़ें। परिपूर्णता या परफेक्शन के चक्कर में बहुत सारे लोग काम ही शुरू नहीं करते या कहीं वो गलत न हो जाए इस डर से वे काम को बीच रास्ते में ही छोड़ देते हैं।

याद करिए आपने चलना कैसे सीखा था। सबसे पहले आप खड़े होने की कोशिश में भी कई बार असफल हुए थे। जब आप में खड़े होने का आत्मविश्वास आया तो आपने चलने की कोशिश में कदम बढ़ाएँ और आप बार-बार गिरे पर आपने हिम्मत नहीं हारी और आपने न सिर्फ चलना बल्कि दौड़ना भी सीख लिया। चलने और दौड़ने में माहिर होने के बाद भी आज भी आप कई बार फिसलते या गिरते होंगे पर आप उन पर ध्यान नहीं देते, आप इसे स्वाभाविक मानकर आगे बढ़ते हैं।

कोई भी काम उठा लीजिये साइकल, कार, मोटर साइकल चलाना हो या कोई नया व्यापार चलाना हो। हर नए काम में आप अच्छे नहीं होते। याद रखिए "काम शुरू करने के लिए आपको महान होने की जरूरत नहीं है लेकिन महान बनने के लिए काम शुरू करना बहुत जरूरी है।"

एक और बात मैं आपसे कहना चाहूँगा कि सतर्कता बहुत अच्छी बात है पर आवश्यकता से अधिक अति सावधानी भी आपको चिंता और असफलता की ओर धकेलती है इसलिए सतर्कता के साथ काम शुरू करिए और काम के दौरान यदि कुछ सुधार या संशोधन की आवश्यकता पड़े तो उसे करिए।

स्ट्रेस मैनेजमेंट से जुड़ी अमल योग्य उपयोगी बातें :

- सुई में धागा डालने की कोशिश कीजिये, बताइये कैसा रहा आपका अनुभव, अतिसावधानी भी कुछ इस तरह ही होती है इसलिए सतर्क रहें पर अति सावधान नहीं।
- उन कामों की सूची बनाइये जिन्हें आपने सिर्फ इसलिए शुरू नहीं किया क्योंकि आपको डर था कि आप उसमें पर्फेक्ट नहीं हैं अब उस सूची में से किसी एक महत्त्वपूर्ण काम को उठाएँ और करना शुरू करें।

❖

अध्याय 37

आशावादी नजरिया

"आशावादिता में जादू है और निराशावादिता में कुछ भी नहीं।"

-अब्राहम हिक्स

हमारा नजरिया हमारे जीवन को जितना प्रभावित करता है शायद ही कोई दूसरी चीज हमारे जीवन को उतना प्रभावित करती हो। करीब एक दशक पहले मैंने क्रिश्चन डी लारसन के द्वारा लिखित 'ऑप्टिमिस्टिक क्रीड' को पढ़ा था जो मुझे बहुत अच्छा लगता है और इसने मेरे जीवन में बहुत ही सकारात्मक प्रभाव डाला है और इसलिए मैं इस आशा के साथ की ये आपके लिए भी उतना ही लाभकारी हो इसी उद्देश्य के साथ मैं आपके साथ साझा कर रहा हूँ, और मैं चाहूँगा इसे आप अक्सर पढ़ें क्योंकि इसे पढ़ने से आपके अंदर जबर्दस्त सकारात्मकता का संचार होगा और आप चिंतामुक्त रहेंगे। :

- इतने सशक्त / शक्तिशाली रहेंगे कि कोई भी व्यक्ति या कोई भी कारण हमारे मन की शांति को खंडित नहीं कर पाएगा।

- ❖ जिससे भी मिलेंगे उससे प्रसन्नता, संपन्नता और स्वास्थ्य के विषय में बात करेंगे, अपने सभी मित्रों को आभास कराएंगे की उनमें कुछ विशेष है।
- ❖ सभी परिस्थितियों में से कुछ न कुछ सकारात्मक खोजेंगे। सर्वश्रेष्ठ सोचेंगे, सर्वश्रेष्ठ के लिए काम करेंगे और सर्वश्रेष्ठ परिणाम की आशा करेंगे। दूसरों की सफलता के लिए भी उतने ही उत्साहित रहेंगे, जितना स्वयं की सफलता के लिए उत्साहित रहते हैं।
- ❖ अतीत की गलतियों को भूलकर, भविष्य की बड़ी सफलताओं / उपलब्धियों के लिए आज ही से आगे बढ़ेंगे।
- ❖ सदैव उत्साहित रहेंगे और प्रत्येक आदमी जिससे हम मिलते है उसका मुस्कुराकर अभिवादन करेंगे।
- ❖ स्वयं के सुधार में इतना समय लगाएंगे कि किसी अन्य व्यक्ति की आलोचना करने का हमारे पास समय ही नहीं रहेगा।
- ❖ इतने बड़े बनेंगे कि चिंता छू न सके और इतने अच्छे बनेंगे की गुस्सा आए ही नहीं।
- ❖ इतने शक्तिशाली बन जाएं कि डर ही न लगे, और इतने खुश बन जाएँ कि कष्ट को आने की इजाजत ही न हो।
- ❖ खुद के बारे में अच्छा सोचें और संसार के सामने इस तथ्य को व्यक्त करें- शब्दों से नहीं बल्कि महान कार्यों से। इस विश्वास में जियेंगे कि पूरा संसार हमारे साथ है जब तक ही हम अपनी क्षमता का सर्वोत्तम प्रयोग करते रहेंगे।

स्ट्रेस मैनेजमेंट से जुड़ी अमल योग्य उपयोगी बातें :

- ऊपर बताई गई बातों को एक कागज पर नोट कर लें और किसी ऐसी जगह पर लगा दें जहां आप इसे अक्सर देख सकें। बेहतर होगा कि आप इसे याद कर लें क्योंकि अगर आप इसके अनुसार जीते हैं तो आपके जीवन में चिंता की मात्रा बहुत कम हो जाएगी।
- चलिये आइये मिलकर एक बेहतर संसार बनाए। यदि संभव हो तो इसे अपने मित्रों और अपने शुभचिंतकों के साथ भी साझा करें ताकि वे भी इससे लाभान्वित हो सकें।

❖

अध्याय 38

चिंता दूर करने के सरल तरीके

"मैं कभी भी कर्म की चिंता नहीं करता। मैं तो अकर्मण्यता की चिंता करता हूँ।" ***-विस्टन चर्चिल***

इस अध्याय में मैं आपके साथ कुछ ऐसी छोटी-छोटी बातें साझा कर रहा हूँ जो आपको चिंता मुक्त कर सकती हैं :

- लोगों को पैसे उधार मत दीजिये क्योंकि पैसे देने के बाद पैसे वसूलने में आपको बहुत चिंता होती है इसलिए अब से उधारी बंद।
- उधार पर सामान मत खरीदिए न ही लोन लीजिये क्योंकि ब्याज दरें बहुत ज्यादा चिंता देती हैं।
- सामान को एक निश्चित जगह पर ही रखिए।
- कम से कम कागज रखिए पुराने अनावश्यक पर्चे को फाड़ के फेंक दें, पुराने अखबारों को बेच दें या किसी को दे दें।
- कान के कच्चे न बने, कोई आपसे कह दें कि इस व्यक्ति ने आपके बारे में ऐसा-ऐसा कहा, तो ज्यादा दिमाग न लगाएँ क्योंकि पूरी दुनिया आपके पीठ पीछे क्या कहती है आप पूरी दुनिया का मुंह नहीं बंद कर सकते।

- ❖ अच्छी सेहत रखिए क्योंकि खराब सेहत से भी बहुत चिंता होती है।
- ❖ लोगों से वादा मत करिए बस कहिए कि मैं कोशिश करूंगा क्योंकि जब आप वादा करते हैं तो आपको चिंता होती है कि आपको उसी शर्तों के अनुसार काम पूरा करना होता है इसलिए बेहतर है कि आप कम से कम वादे करें।
- ❖ गाड़ियों में सदैव पर्याप्त मात्र में तेल रखे और उनकी नियमित रूप से सर्विस कराएं।
- ❖ अपने शौक को कम करें और पर्याप्त मात्रा में पैसे बचा कर रखें ताकि बुरे वक्त में आपको चिंता न हो।
- ❖ पतली सड़कों पर चार पहिया के बजाए दो पहिया वाहनों से चलें क्योंकि जाम में बर्बाद होने वाले समय से भी हमें चिंता होती है।
- ❖ दूसरों से अपनी तुलना करना बंद करें कि वो क्या कर रहा है या खरीद रहा है इत्यादि याद रखिए जिंदगी दिखावे से नहीं चलती, आपकी जिम्मेदारी सिर्फ अपने प्रति नहीं आपकी जिम्मेदारी अपने और पूरे परिवार के प्रति है इसलिए तुलना बंद करिए और जिम्मेदार बनिए बचत करिए अपने और अपने परिवार को एक बेहतर जीवन दीजिये।
- ❖ जब आपको बहुत ज्यादा चिंता हो तो अपने किसी विश्वसनीय व्यक्ति को इस बारे में बताएं और आप पाएंगे जैसे प्रेसर कूकर से भाप निकलता है आपके अंदर की बहुत सारी चिंता अपने आप आपके बाहर निकल जाएगी।

कुछ और बातें :

- बहुत बार हम जब भी कोई काम शुरू करते हैं तो हम यह पाते हैं कि बीच में ही लोग हमें टोक देते हैं और कहते हैं कि इस काम में आज तक कोई सफल नहीं हुआ या मेरे एक दोस्त ने भी यह काम शुरू किया था पर वह भी असफल हो गया था और यह सुनकर आपका मनोबल टूट जाता है और आप उस काम को शुरू ही नहीं करते।

  बेहतर होगा जब भी ऐसे लोग जो हमें यह राय देते हैं पहले हम यह जाँचें कि उनकी जीवन में क्या उपलब्धियां रहीं है क्योंकि मैंने पाया है ज्यादातर लोग सिर्फ राय ही देते हैं और काम कुछ भी नहीं करते।
- दूसरी चीज यह करें कि आंकड़ों को जाँचें यानी कि आप जो भी काम

करने जा रहें हैं उसमें सफल होने की संभावना कितनी है, लाभ प्रतिशत कितना है, आपकी सेवाओं या उत्पादों की मांग कितनी है इत्यादि यानी कि आप पूरी तरह से शोध कर लें कि आपसे पहले कितने लोगों ने इस काम को किया है। उनके क्या अनुभव रहे बेहतर होगा उनसे ही संपर्क किया जाए और यदि यह संभव नहीं है तो आज इंटरनेट का युग है और आपको बहुत सारे लेख और विडियो इस विषय पर मिल जाएंगे और जब आप सारी जानकारी एकत्रित कर लेंगे तो चिंता की जगह आपके अंदर आत्मविश्वास आ जाएगा।

- एक और चीज जो मैंने देखी है कि जब भी लोगों की आलोचना होती है तो वे बहुत जल्दी गुस्से में आ जाते हैं, देखिये जब भी आपकी आलोचना हो तो सबसे पहले ये जाँचे कि यह आलोचना आपके अंदर सुधार लाने के उद्देश्य से अच्छे नीयत से की जा रही है या फिर आपको नीचा दिखाने के उद्देश्य से की जा रही है अगर यह आपको नीचा दिखाने के उद्देश्य से की जा रही है तो बेहतर होगा कि आप उस आलोचना का जवाब शब्दों से ना दें। याद रखिए एक महान इंसान का कथन 'सूअर से मत लड़िए क्योंकि वो तो चाहता ही है कि उससे लड़ने के लिए आप भी उसी की तरह उसके साथ कीचड़ में कूद जाएँ' इसलिए इस मूर्खता को मत करिए।
- मैंने कहीं एक लेख पढ़ा था जिसमें एक वकील अपने करियर में मिली सफलता के बारे में बता रहे थे और उन्होंने बताया कि मेरी बहुत-सी सफलता मुझे तब मिली जब मैंने अपने विपक्षी पक्ष के गवाहों को इतना उकसा दिया कि वो गुस्से से पागल हो गए और उन्होंने ऐसी अनुचित चीजें बोल दी जिससे उन्होंने अपने पैरों पर ही कुल्हाड़ी मार ली और इस तरह से वकील साहब केस जीत जाते थे।

स्ट्रेस मैनेजमेंट से जुड़ी अमल योग्य उपयोगी बातें :

- पता लगाइए ऐसी कौन-सी बात है जिससे आप सबसे ज्यादा चिंता में आ जाते हैं। अब इस चिंता से बचने का कोई सबसे सरल उपाय खोजें।
- ऊपर बताई गई तकनीकों के अलावा क्या आपकी भी कोई चिंता से बचने की सरल तकनीक है तो उसे भी नोट कर लें। (और यदि आप चाहें तो उसे आप मुझे भी भेज सकते हैं)

❖

अध्याय 39

क्योंकि मैं अपने लिए भी यही चाहता हूँ

"जब भी सम्भव हो दयालु बनें और मैं आपको बताना चाहूँगा यह हमेशा सम्भव होता है।" ***–दलाई लामा***

बहुत सालों पहले मैंने टी.वी. पर भारत के महान क्रिकेट खिलाड़ी कपिल देव का इंटरव्यू देखा। इंटरव्यू में कपिल देव भारतीय टीम का पक्ष रख रहे थे। मुद्दा यह था कि भारतीय टीम एक कमजोर समझी जाने वाली टीम से बुरी तरह से हार गयी थी। इस हार के कारण भारतीय टीम की जबरदस्त आलोचना हो रही थी और इस पर मीडिया के द्वारा अलग-अलग कारण दिए जा रहे थे जैसे खराब कप्तानी, टीम को जरूरत से ज्यादा पैसे व शोहरत देना।

कपिल देव ने यह माना की टीम ने अच्छा नहीं खेला जिस वजह से टीम हारी पर इस बात पर वे बहुत ज्यादा भड़क गए जब उन्होंने यह सुना की टीम को जरूरत से ज्यादा पैसा और सम्मान मिल रहा है। इस पर उन्होंने न्यूज एंकर से कहा कि कोई भी खिलाड़ी या टीम हारना नहीं चाहती और

साथ में उन्होंने एंकर से प्रश्न भी किया की क्या आपका भाई या बेटा टीम के लिए खेल रहा होता तो क्या आपको खुशी नहीं मिलती यदि उसे भी उतना ही पैसा और सम्मान मिलता?

यह प्रश्न सुनकर न्यूज एंकर आश्चर्य में पड़ गए और उन्होंने प्रश्नों की दिशा को दूसरी ओर मोड़ दिया।

पर कपिल देव की बात से मैं पूरी तरह सहमत हूँ हम अपने और अपनो के लिए वही सम्मान और पैसा चाहते जो भारतीय क्रिकेट टीम को मिल रही थी।

हमारी बहुत सारी चिंताएँ समाप्त हो जाएँगी यदि "हम दूसरों के लिए भी वही चाहें जो हम खुद के लिए चाहते हैं" सिद्धांत के अनुसार अपना जीवन जिएँ और यह सिद्धांत लगभग सभी धर्मों में बताया गया है।

अब प्रश्न यह उठता है आप अपने लिए क्या चाहते हैं, इसका जवाब बहुत ही सरल है प्रेम, सुख, शांति, नाम, सम्मान, संसार की सर्वोत्तम चीजें इत्यादि। आप यही चाहेंगे की संसार के सभी लोग आपसे अच्छा व्यवहार करें और आपको सफल बनाने में आपके साथ पूरा सहयोग करें।

कुछ सालों पहले मैंने एक आध्यात्मिक किताब पढ़ी थी जिसमें लेखक ने बताया कि एक बार वे बस में यात्रा कर रहे थे और उन्होंने देखा कि एक व्यक्ति ना जाने क्यों उन्हें बहुत देर से घूर रहा था प्रतिक्रियास्वरूप वे भी उसे घूर सकते थे पर उन्होंने इसके बजाए उस व्यक्ति के लिए ईश्वर से प्रार्थना की 'हे ईश्वर इस व्यक्ति पर अपनी कृपा करो इसका कल्याण करो', वे लिखते हैं कि उन्होंने बार-बार इस प्रार्थना को दोहराया। उन्होंने पाया कि कुछ ही देर बाद आश्चर्यजनक रूप से वो व्यक्ति जो उन्हें लगातार अकारण घूर रहा था अब उनकी ओर देखकर मुस्कुराने लगा।

इस कहानी से मुझे बहुत प्रेरणा मिली और मैंने भी एक नई तकनीक आजमाने का फैसला किया और इस तकनीक के अंतर्गत मैं जिस व्यक्ति से भी मिलता उसका हाथ जोड़कर अभिवादन करने के साथ ही साथ मैं मन ही मन ये भी बोलता था कि 'प्रभु आपका भला करें क्योंकि मैं अपने लिए भी यही चाहता हूँ'

आज जब मेरी लोगों से बात होती है और जब वे मुझसे अपनी कोई उपलब्धि साझा करते हैं जैसे की प्रोमोशन, बच्चे का जन्म इत्यादि तो भी मैं दिल से खुशी जाहिर करता हूँ। उन्हें मौखिक रूप से बधाई देता हूँ साथ

ही साथ मन में यह कहता हूँ कि प्रभु आपको और सफलता और खुशियां दे क्योंकि मैं अपने लिए भी यही चाहता हूँ।

इस आदत ने मुझे लोगों से बेहतर तरीके से जुड़ने में मेरी बहुत मदद की है क्योंकि प्रभु ने हमारे भीतर भी एक सिस्टम बनाया है, इससे पहले की लोग एक शब्द भी बोलें, हमारे दिल की आवाज कहती है यह आदमी मुझे कुछ ठीक नहीं लगा और जब हम लोगों को चाहते हैं और उनके भले की कामना करते हैं तो ना सिर्फ वे इसे महसूस कर पाते हैं बल्कि उनके प्रति हमारी सद्‌भावना के कारण हम उनसे बेहतर तालमेल भी स्थापित कर पाते हैं।

जैसा मैंने इस अध्याय में पहले चर्चा की कि सभी धर्मों में कहा गया है कि जैसा आप अपने लिए चाहते हैं वैसा ही दूसरों के लिए भी चाहें। अगर हम सच में इसे अपना लें तो हम अपने जीवन में चिंता की मात्रा को चमत्कारिक रूप से कम कर सकते हैं।

अगर किसी खिलाड़ी को लाखों-करोड़ों रुपए मिलते हैं तो भी हम खुश होंगे क्योंकि अगर हम उसकी जगह होते तो हम अपने लिए भी यही चाहते। आपका पड़ोसी एक नई कार खरीदता है आप उसके लिए बहुत खुश होते हैं क्योंकि आप भी बहुत खुश होते अगर आपने अपने लिए एक नई कार खरीदी होती। आपके दोस्त को सरकारी नौकरी मिली है आप खुश हैं क्योंकि यदि ये आपको मिलती तो आप भी बहुत खुश होते। कुल मिलाकर दूसरों की खुशियों में खुश होइए और यदि कोई दुखी है तो उसके दुख को कम करने के लिए ईश्वर से प्रार्थना करिए क्योंकि आप भी तो यही चाहते हैं कि समस्या के समय लोगों की शुभकामनाएं और प्रभु की कृपा सदैव आपके साथ हो। इसलिए हमेशा लोगों के बारे में अच्छा बोलें और अच्छा सोचें क्योंकि आप अपने लिए भी यही चाहते हैं।

स्ट्रेस मैनेजमेंट से जुड़ी अमल योग्य उपयोगी बातें :

- आप अपने लिए क्या चाहते हैं उसकी सूची बनाए, कुछ भी ना छोड़ें सभी चीजें लिख डालें भले ही यह आज आपको असम्भव लग रही हो।
- दूसरों की खुशियों में खुश होने की एक नई आदत को जीवन का हिस्सा बनाइए और सिर्फ खुश मत होईए दिल से खुश होइए।

❖

अध्याय 40

ऐसे काम करें जैसे सभी सिर्फ आपको ही देख रहें हों

*"प्यार सभी से करिए, विश्वास कुछ लोगों पर ही करिए और अन्याय किसी के साथ मत करिए।" –**विलियम शेक्सपियर***

ऐसे कई मौके आते हैं जब हम किसी को अपना शुभचिंतक मानकर अपने दिल की बात बता देते हैं या किसी अनुपस्थित व्यक्ति की आलोचना कर देते हैं और बाद में होता ये है कि वो व्यक्ति जाकर उस अनुपस्थित व्यक्ति को उस बात को और भी ज्यादा बढ़ा-चढ़ाकर बता देता है जिससे हमारे संबंध हमेशा के लिए खराब हो जाते हैं और हमें अनावश्यक रूप से चिंता होती है।

बेहतर होगा कि हम यह मानकर चलें कि सभी लोग मौजूद हैं और सभी लोग सिर्फ हमें ही देख रहें हैं। क्या ऐसी स्थिति में आप किसी की आलोचना करते हैं? जवाब है बिल्कुल नहीं।

अब एक और स्थिति की कल्पना करते हैं मान लीजिये कि व्यक्ति "A" आपके पीछे बैठा है तभी व्यक्ति "B" आता है और उसने व्यक्ति

“A” को देखा नहीं है और इस कारण आपके सामने व्यक्ति “A” की आलोचना शुरू कर देता है, ऐसी स्थिति में आप क्या करेंगे? संभावना है आप उस चर्चा से जितना जल्दी संभव हो हटना चाहेंगे क्योंकि आप जानते हैं कि इस चर्चा को मात्र सुनने भर से ही व्यक्ति “A” से आपके संबंध खराब हो जाएंगे इसलिए बेहतर है कि आप चाहे जो हो किसी भी प्रकार की ना तो निंदा करें ना ही निंदा सुनें।

इसी प्रकार यदि आपका मन कोई अनैतिक या कोई गैर कानूनी काम करने का कर रहा है तब भी यह मान करके चलें कि सभी कोई उपस्थित है और सभी कोई देख रहा है तब संभावना ज्यादा है कि आप उस गलत काम की दिशा में बढ़ा अपना कदम पीछे खींच लेंगे।

स्ट्रेस मैनेजमेंट से जुड़ी अमल योग्य उपयोगी बातें :

- याद रखिये जो व्यक्ति आपके सामने किसी और की आलोचना कर सकता है वो आपकी अनुपस्थिति में आपकी भी आलोचना करेगा इसलिए किसी की आलोचना सुनने पर ज्यादा खुश न हो।
- **विश्वास अर्जित करने में पूरा जीवन लग जाता है और विश्वास खोने में मात्र एक क्षण :** पैसा कमाना और प्यार पाना, विश्वास अर्जित करने की तुलना में बहुत ज्यादा आसान है पर विश्वास अर्जित करना बहुत ही मुश्किल काम है इसलिए वही कहें और करें जो उचित हो।

❖

अध्याय 41

जब ये सभी के साथ होना है तो आखिर डरना किस बात का

"मृत्यु सभी को आती है और जब यह आती है तो हम सभी को एक बराबर कर देती है।" **-जॉन डोने**

मृत्यु का डर संसार के सबसे बड़े डरों में से एक है। आखिर मृत्यु क्या है? इंसान मृत्यु के बाद कहाँ जाता है? ऐसे असंख्य प्रश्न हमारे मन में आते है और हमें डराते हैं।

- जब भी आपको मृत्यु का डर सताए खुद को याद दिलाएँ कि जब ये सभी के साथ होना है तो आखिर डरना किस बात का।
- मृत्यु को भी एक प्रकार की नींद या बेहोशी मानें, नींद में आपको कुछ भी होश नहीं रहता इसलिए चिंतामुक्त रहे।
- एक और चीज जो आप मृत्यु के डर को हटाने के लिए कर सकते हैं वह यह है कि आप अपनी सेहत का बहुत ही शानदार तरीके से खयाल रखें क्योंकि आपकी जितनी अच्छी सेहत होगी आपका जीवन उतना ही लम्बा होगा।

❖ कुल मिलाकर मृत्यु के डर को भूल जाइए क्योंकि ये एक ना एक दिन सभी को आनी है इसलिए खुश रहिए और जीवन का पूरा आनंद लीजिए।

प्रभु ने इस संसार को बहुत ही शानदार बनाया है और मनुष्य जीवन उनके दिए हुए सबसे बड़े उपहारों में से एक है। प्रभु ने प्रत्येक मनुष्य में इतनी प्रतिभा और बुद्धि दी है कि वह इसका पूरा इस्तेमाल कई जन्मों में भी नहीं कर सकता। सरल शब्दों में कहा जाए तो शोध बताते हैं कि औसत मनुष्य अपने पूरे जीवन काल में अपनी क्षमता का अधिकतम 5 प्रतिशत तक ही इस्तेमाल कर पाता है।

निश्चित रूप से मृत्यु का डर लगभग सभी को होता है लेकिन एक बात हमें हमेशा याद रखनी चाहिए कि यह सिर्फ आपके साथ ही नहीं बल्कि सभी के साथ होना है इसलिए आपको ये सोचना चाहिए कि जो जीवन मिला है उसका हम ऐसा क्या इस्तेमाल करें कि हमारे इस धरती पर से जाने के बाद भी लोग हमें याद रखें और आप के साथ बिताए हुए पलो के लिए खुश हो और जब भी वे आपका नाम लें तो आदर के साथ लें।

इस धरती पर सिर्फ और सिर्फ हमारा नियंत्रण हमारे कर्म पर है इसलिए मृत्यु की चिंता छोड़िए और इस बात पर ध्यान लगाइए कि आप अपने कर्मो से कैसे अपना और अपनो का जीवन को बेहतर बना सकते हैं।

स्ट्रेस मैनेजमेंट से जुड़ी अमल योग्य उपयोगी बातें :

- **एक साल और बूढ़े या एक साल और समझदार :** अक्सर देखा जाता है कुछ लोग अपने जन्मदिन पर रोते हैं और यह कहते हैं कि मेरे जीवन में एक साल और कम हो गए और मैं एक साल और बूढ़ा हो गया वहीं कुछ लोग ऐसे भी है जो अपने जन्मदिन पर खुशियां मनाते हैं और ये सोचते हैं कि उन्हें जो पिछले एक वर्ष में अनुभव मिला है वो बहुत मूल्यवान है और इस अनुभव ने उन्हें और भी ज्यादा समझदार बना दिया है और इस समझदारी के साथ ही सम्मानपूर्वक एक साल बीतने के लिए वो प्रभु के प्रति अपना आभार व्यक्त करते हैं। आप खुद को किस श्रेणी में रखते हैं क्या आप एक साल बीतने पर रोते हैं कि आपके जीवन के एक वर्ष कम होंगे या प्रभु के प्रति आभार व्यक्त करते हैं कि उन्होंने एक और शानदार वर्ष दिया आपको।
- अपनी सेहत का खयाल रखिये ताकि आप लंबा जी सके।

❖

अध्याय 42

ठगना पाप है, ठगे जाना नहीं

"इस दुनिया में विश्वासघात से बड़ी कोई दूसरा पीड़ा नहीं है।"

-राजल

बहुत सारे लोग जीवन से पूरी तरह निराश इसलिए हो जाते हैं क्योंकि उन्होंने किसी पर खुद से भी ज्यादा भरोसा किया और बाद में उस व्यक्ति ने भरोसे को पूरी तरह से चकनाचूर कर दिया।

- **ऐसे उदाहरण हमें मुख्यतः** विवाहों और प्रेम संबंधों में देखने को मिलते हैं जब एक साथी तो सिर्फ और सिर्फ प्रेम के लिए दुनिया की परवाह किये बगैर पूरी दुनिया से शत्रुता मोल लेकर अपने प्यार के लिए लड़ता है लेकिन बाद में उसे पता चलता है कि उसके साथ सिर्फ और सिर्फ धोखा हुआ है, प्यार तो कभी था ही नहीं बल्कि इसके पीछे असली उद्देश्य कुछ और था।
- एक और उदाहरण जो मैं अक्सर देखता हूँ वह है व्यापार/बिजनेस जिसमें एक व्यक्ति अपने पूरी जी जान लगाकर एक बड़ा साम्राज्य खड़ा करता है और बाद में उस व्यापार को उसका पार्टनर/दोस्त/संबंधी गैर

कानूनी रूप से हथिया लेता है और स्वाभाविक रूप से उसका दिल टूट जाता है और उसके जीने की इच्छा भी खत्म हो जाती है।

जब आपका दिल टूटता है तब सिर्फ आप ही इसे बेहतर तरीके से महसूस कर सकते हैं और तब आपको संसार की सबसे अच्छी चीज भी बेकार लगती है यह मैंने भी महसूस किया है।

पर जीना तो पड़ता है अपने लिए नहीं तो अपनो के लिए ही सही, संसार में कुछ ऐसे लोग होते हैं जिनके लिए आपका जीवन बहुत मायने रखता है। आपको पता नहीं होता लेकिन वो आपकी हंसी के सहारे हंसते हैं और आपके दुख में वे आपसे भी ज्यादा विचलित होते हैं।

एक दौर ऐसा भी था जब मैं बहुत ज्यादा चिंता में था और उस दौर में मैंने रामानंद सागर जी के द्वारा बनाई हुई रामायण की पूरी श्रृंखला को बार-बार देखा। मुझे उसे देखने की बहुत जरूरत थी। मैंने महसूस किया कि आपके जीवन के इर्द-गिर्द कितनी सारी मंथरा घूम रही है आपको इसका अंदाजा तब तक नहीं लगता जब तक वे अपनी चालें न चल लें।

रामानंद सागर जी के द्वारा बनाए हुए इस रामायण सीरियल से मैंने असंख्य बातें सीखी उनमें श्री राम के द्वारा कही गयी एक बात से मुझे बहुत हौसला मिला और वह था जब भगवान श्रीराम कहते हैं कि 'ठगना पाप हैं, ठगे जाना नहीं'। यानी कि यदि आपकी अच्छाई का फायदा उठाकर आपको कोई ठग लेता है या धोखा देता है तो यह पाप उसने किया है आपने नहीं।

मैंने उर्दू में भी एक कहावत सुनी है 'जैसी नीयत वैसी बरक्कत' यानी कि जिसके मन में जैसी भावना होगी उसकी प्रगति भी उसी अनुपात में होगी। जैसे कि यदि एक व्यक्ति एक अच्छे उद्देश्य या एक भली भावना के साथ काम करता है, तो निश्चित रूप से भले ही उसकी प्रगति धीमी हो पर उसे प्रगति अवश्य मिलेगी वहीं दूसरी ओर यदि कोई व्यक्ति लोगों को धोखा देकर उनका धन हड़पना चाहता है तो हो सकता है अल्पावधि में वह सफल हो भी जाए पर लंबी अवधि में जितना धन उसने अर्जित किया है उसका कई गुना धन नुकसान होने की संभावना है।

यह समझाने के लिए मैं यहाँ दो व्यापारियों का उदाहरण लेना चाहूँगा। एक व्यापारी लोगों से माल और पैसे उधार लिया करता था और जब पैसे देने की बारी आती थी तो वह कभी बहाने बनाकर, कभी फोन नम्बर

बदल कर तो कभी घर से भागकर लोगों को पैसे देने से बचता था। ऐसा कुछ समय तक तो चला पर हर जगह यह चर्चा फैल गयी कि यह आदमी धोखेबाज है इसके साथ कभी कोई व्यापार मत करना। और एक समय ऐसा आया जब उसे पैसे की सचमुच में बहुत जरूरत पड़ी तब किसी ने भी उसका साथ नहीं दिया और अंतः वह भूखों मरा।

वहीं दूसरी ओर एक और व्यापारी जो बहुत ही ईमानदार था और जबान का बहुत पक्का था। वो जितना कहता था उतना ही करता था। और चाहे पैसा हो या व्यापार हर मामले में बहुत विश्वसनीय था। एक बार की बात है व्यापार में जबरदस्त आर्थिक मंदी आई और जिस वजह से वो लगभग दिवालिया होने वाला था पर आपको क्या लगता था क्या हुआ होगा। उसके बहुत सारे मित्र, शुभचिंतकों ने उसे एक कोरा चेक भेज दिया जितनी चाहे रकम भर लो बस मुझे बता देना और जब स्थितियाँ पहले से बेहतर हो तब मुझे वापस कर देना। इन लोगों के सहयोग से वह जल्द ही पहले जैसी स्थिति में आ गया और इन लोगों का कर्जा भी बहुत जल्द वापस कर दिया और उन लोगों के प्रति आभार व्यक्त किया।

कुल मिलाकर मेरा यह विश्वास है 'अच्छों के साथ अंततः अच्छा ही होता है'।

स्ट्रेस मैनेजमेंट से जुड़ी अमल योग्य उपयोगी बातें :

- **कोई साथ दे या न दें अपना साथ जरूर दें :** दूसरे के पापों की सजा खुद को न दें, हो सकता है किसी ने आपके साथ धोखा दिया हो आपका साथ छोड़ा हो पर अपना साथ कभी मत छोड़िए।
- जब जीवन में आपके साथ विश्वासघात हो तो ईश्वर को धन्यवाद दीजिये कि उन्होंने बहुत जल्दी ही उसका असली चेहरा उजागर कर दिया क्योंकि हो सकता है बाद में आपको और भी ज्यादा नुकसान या तकलीफ होती।

❖

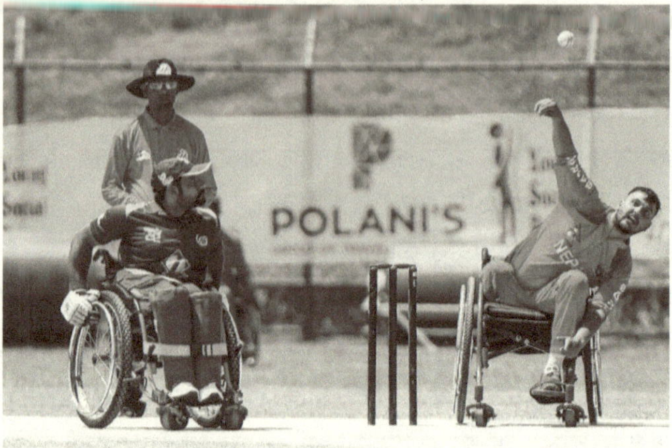

अध्याय 43

चुनना मुझको है या तो मैं टूट सकता हूँ या मैं रिकॉर्ड तोड़ सकता हूँ

"विपत्ति से ही अवसर जन्म लेते हैं।" **-बेंजामिन फैंक्लिन**

पिछले अध्याय में मैंने आपसे चर्चा की थी कि "ठगना पाप है, ठगे जाना नहीं" जब ऐसी स्थितियां आती है तो ज्यादातर लोग टूट जाते हैं पर मैंने जब सैकड़ों-हजारों जीवनियों का अध्ययन किया तो पता चला कि ऐसी समस्याएं महान लोगों के जीवन में भी आती है पर वे टूटने के बजाए रिकॉर्ड तोड़ते हैं इनमें से कुछ परिवार के सताए थे तो कुछ समाज के सताए थे, पर सभी ने जीवन में कभी पीछे मुड़कर नहीं देखा और वे सदैव आगे बढ़ते रहे।

ओरिसन स्वेट मार्डन ने सालों-साल अपनी किताब पर काम किया था और उनकी लगभग 2000 पेज की स्क्रिप्ट आग में स्वाहा हो गयी पर उन्होंने किस्मत पर रोने की बजाए खुद से यह कहा "किताब को लिखने के लिए मेरा दिमाग तब भी मेरे पास था और अब भी मेरे पास है और मैं दोबारा अपने दिमाग का इस्तेमाल करके इस किताब को लिखूंगा" और

उन्होंने ऐसा किया भी और ऐसा करने के बाद उनकी किताब 'पुशिंग टू द फ्रंट' की गिनती इतिहास की सबसे सफलतम प्रेरणादायी पुस्तकों में होती है इसी प्रकार जब महान आविष्कारक थॉमस एडिसन की प्रयोगशाला जलकर पूरी तरह से स्वाहा हो गयी तो उन्होंने अपने भाग्य या किस्मत को दोषी ठहराने के बजाए वे मुस्कुराए और उन्होंने कहा "अच्छा हुआ इसमें हमारी सभी गलतियां भी स्वाहा हो गयी। हम कल सुबह से ही इस प्रयोगशाला को दोबारा बनाएंगे" और उन्होंने ऐसा किया भी और उनका ऐसा करने के कारण अपने जीवनकाल में उन्होंने जितने नए आविष्कार के प्रयोगशाला पेटेंट लिये उतना शायद ही किसी आविष्कारक ने अपने जीवनकाल में लिये होंगे। विल्मा रुडोल्फ को पोलियो था पर वे टूटी नहीं बल्कि उन्होंने अभ्यास किया बार-बार प्रयास किया और उन्होंने अपने देश के लिए ओलिंपिक में अनेकों रिकॉर्ड तोड़े और अनेकों पदक जीतकर अपने देश को गौरवान्वित किया।

भगवान श्रीराम भी 14 वर्ष का वनवास सुनकर टूट सकते थे पर वो टूटे नहीं उन्होंने रिकॉर्ड तोड़ा मनुष्य के लिए धर्म के नए आदर्शों की स्थापना की और एक स्पष्ट संदेश दिया कि कर्म के माध्यम से इंसान महानता की नई ऊंचाइयों को छू सकता है। इसलिए सदैव याद रखें कि चुनना हमको है विपरीत परिस्थिति में या तो हम टूट सकते हैं या रिकॉर्ड तोड़ सकते हैं।

स्ट्रेस मैनेजमेंट से जुड़ी अमल योग्य उपयोगी बातें :

- जीवन हमें हमेशा चुनने का विकल्प देता है या तो हम अपनी किस्मत पर रो सकते हैं या हम इतिहास रच सकते हैं। ये याद रखिये रोने वालों को कोई याद नहीं रखता बल्कि सिर्फ इतिहास रचने वालों को ही लोग याद रखते हैं।
- जीवनियों का अध्ययन करें और आप पाएंगे कि आप अकेले नहीं हैं ऐसे बहुत से लोग हैं जिन्होंने आपकी ही तरह या आपसे भी मुश्किल स्थितियों का सामना किया और विजयी हुए।

❖

अध्याय 44

बेहतर कार्यशैली से कम होता है चिंता

"मैंने कभी सफलता पाने के लिए सपने नहीं देखें, मैंने तो सिर्फ सफलता पाने के लिए मेहनत की है।" ***-एस्टी लौडर***

चिंता का एक बहुत बड़ा हिस्सा हमारे कामों से मिलता है और अगर एक बेहतर कार्यशैली विकसित की जाए तो हमारी चिंता चमत्कारिक रूप से कम हो सकती है।

बेहतर कार्यशैली विकसित करने के लिए कुछ सुझाव :

- किये जाने वाले कार्यों की एक लिखित सूची बनाएं
- सामानों को एक निश्चित स्थान पर रखें
- दिन के सबसे 3 महत्त्वपूर्ण कार्यों को सबसे पहले करना
- समय पर बिलों का भुगतान करना
- प्लान बी
- नियमित रखरखाव

वैसे तो एक बेहतर कार्यशैली कैसे विकसित की जाए उसके बारे में पूरे विवरण के साथ मैंने अपनी बेस्टसेलर किताब राजलनीति टाइम मैनेजमेंट में बताया है लेकिन इस अध्याय में मैं कुछ ऐसी कार्यशैलियों के बारे में बातें करूंगा जिनसे हमारा जीवन काफी हद तक चिंता मुक्त हो जाएगा। यदि आप बेहतर कार्यशैली विकसित करने के बारे में और भी अधिक जानना चाहते हैं तो मेरा सुझाव होगा की आप राजलनीति टाइम मैनेजमेंट अवश्य पढ़े।

सबसे पहले आते हैं अपने प्रतिदिन किये जाने वाले कार्यों की सूची बनाना : हमें बहुत ज्यादा चिंता होती है कि हमें पूरे दिन क्या करना है और कब करना है पर जब हम पिछली रात को ही अगले दिन की जाने वाले कार्यों की सूची बना लेते हैं तो हमें ना सिर्फ स्पष्टता का, बल्कि नियंत्रण का भी एहसास होता है साथ ही साथ हमारी उत्पादकता भी बढ़ जाती है जिससे हमें खुशी का एहसास होता है, सूची बनाना इसलिए भी आवश्यक है क्योंकि हमारा दिमाग अक्सर भूल जाता है कि हमें कौन-कौन से काम करने हैं।

राजलनीति टाइम मैनेजमेंट में अध्याय-5 'बनाए प्रतिदिन किये जाने वालो कामों की लिखित सूची' में मैंने बताया था कि मैं किस प्रकार अपनी दैनिक सूची बनाता हूँ वही जानकारी मैं राजलनीति स्ट्रेस मैनेजमेंट में भी आपके साथ साझा कर रहा हूँ।

सूची किस प्रकार बनाता हूँ :

आपको जो भी काम सूझ रहे हों, सभी को लिख डालें, किसी को भी न छोड़े, उसके बाद कुछ चुनिन्दा काम जो आपको सबसे महत्त्वपूर्ण लगते हों, जिनके करने से आपका भविष्य उज्ज्वल होगा, उनके आगे रोमन अक्षर 'I' (आई) जिसका अर्थ पहला या फर्स्ट भी होता है लिख लें, उसके बाद देखें कि इन 'I' (आई) कामों में अपेक्षित परिणामों के हिसाब से सबसे पहले, किस काम को किया जाना चाहिए, उसे पहचानने के बाद उस 'I' के आगे 1 लिख लें इसी तरह इसके बाद जिस दूसरे 'I' काम को करना है उसके आगे 2 लिख लें, इसी तरह तीसरे-चौथे 'I' कार्य के आगे प्राथमिकता अनुसार संख्या डाल लें। 'I' कार्यों को उनकी प्राथमिकता के अनुसार करते जाएँ, यानी कि जब तक पहला न हो जाए तब तक दूसरे पर न जाएँ।

अब आते हैं द्वितीय श्रेणी पर, जिसे मैं 'II' डबल आई अक्षर से चिन्हित करना चाहूँगा। ये ऐसे कार्य हैं, जिन्हें आप अभी न भी करें तो भी चलेगा क्योंकि इसे करने या न करने से आपके भविष्य पर कोई फर्क नहीं पड़ता इसे भी ऊपर की सूची की तरह प्राथमिकता अनुसार 'II' के 1, 2, 3 लिख लें।

एक तीसरी श्रेणी, जिसे मैं 'U' 'अक्षर से चिन्हित करना चाहूंगा इसे मैंने अंग्रेजी शब्द अरजेंट/urgent से लिया है। ये ऐसे कार्य हैं जिसे अभी हर हाल में करना ही करना है और इसे अभी न करने पर काफी दुष्परिणाम भुगतने पड़ सकते हैं, जैसे अपने बच्चे को डॉक्टर के यहाँ ले जाना, अंतिम तिथि से पूर्व बिलों का भुगतान करना, गाड़ी में तेल भरवाना इत्यादि।

एक चौथी श्रेणी जिसे मैं 'D' अक्षर से चिन्हित करना चाहूँगा। इसे मैंने अंग्रेजी शब्द डेलीगेट/delegate से लिया है, ये ऐसे कार्य जिन्हें आप किसी और को करने के लिए सौंप/सुपुर्द कर सकते हैं।

उदाहरण के लिए एक सूची

फिट रहने के लिए जिम जाना I-1

मोबाइल रिचार्ज करने की आज आखिरी तारीख U-2

दवाई खाना U-1

किताबें लिखना I-2

फिल्म देखने जाना II-1

बाजार से सामान मंगवाना D-2

बैंक में पैसे जमा कराना D-1

घूमने-फिरने बाहर जाना II-2

ऊपर की इस सूची में मेरे "I", कार्य है फिट रहने के लिए जिम जाना और किताबें लिखना, जिसमें से फिट रहने के लिए जिम जाना को मैंने "I"-1 दर्जा इसलिए दिया है, क्योंकि अगर मेरी सेहत अच्छी रहेगी तो मैं और भी ज्यादा एकाग्रता के साथ किताबें लिख सकता हूँ (किताबें लिखना 'I'-2) व अन्य काम कर सकता हूँ।

Urgent कार्य जिसे "U" से चिन्हित किया है। ये ऐसे कार्य हैं, जिन्हें टाला नहीं जा सकता। इस उदाहरण में "U"-I हैं दवाई खाना और "U"-2 है मोबाइल रिचार्ज करना, क्योंकि अगर मोबाइल हम कुछ देर बाद रिचार्ज करा लें तो हमें ज्यादा दिक्कत नहीं होगी पर अगर हम समय पर दवा न खाएं तो हमें समस्याएँ हो सकती हैं।

ऐसे कार्य, जिन्हें हम दूसरों को हस्तांतरित/delegate कर सकते हैं, उन्हें हम "D" से चिन्हित करेंगे। यहाँ हमने बैंक में पैसा जमा करने को वरीयता दी है इसलिए इसे "D"-1 से चिन्हित किया, क्योंकि बैंक के काम करने का एक निश्चित समय होता है, जबकि बाजार से सामान कई स्थानों से उपलब्ध हो सकते हैं, इसलिए इसे "D"-2 का दर्जा दिया है।

फिल्म देखने जाने या घूमने फिरने जाने या न जाने से कोई बहुत ज्यादा फर्क नहीं पड़ेगा। इसलिए इसे "II" श्रेणी में विभाजित किया गया, क्योंकि फिल्म लगती है और कुछ समय बाद हट जाती है। इसलिए इसे "II"-1 की श्रेणी में रखा है। जबकि घूमने-फिरने हम कभी भी जा सकते हैं। इसलिए इसे "II"-2 की श्रेणी में रखा है।

- **सामानों को एक निश्चित स्थान पर रखने की आदत डालिये :** मुझे पूरा विश्वास है कि आप कभी न कभी बिग बाजार, स्पेंसर इत्यादि जैसी किसी बड़े हाइपर स्टोर में गए होंगे। वहां सैकड़ों हजारों अलग-अलग प्रकार के सामान मिलते हैं और जब भी आपको किसी सामान को खोजना होता है आप वहां पर उपस्थित किसी भी सेल्समैन से पूछते हैं कि ये सामान किधर मिलेगा, आपके बस पूछने की ही देर है उसके बाद सेल्समैन आपको तुरंत उस जगह ले जाएगा जहां यह सामान रखा हुआ है।

हजारों सामानों में एक छोटे से सामान को खोजने की सरलता का कारण सिर्फ एक ही है और वह है चीजों को रखें एक निश्चित स्थान पर। कल्पना करिए उस चिंता को जो आप तब महसूस करते हैं जब आपको मनचाहे समय पर सामान न मिलने के कारण उसकी जगह दूसरा खरीद लेते हैं और उसके कुछ ही समय बाद आपको खोया हुआ सामान मिल जाता है इसलिए बेहतर है कि हम सामानों को उनके निश्चित स्थान पर रखें और चिंता से बचें।

- **दिन के 3 सबसे महत्त्वपूर्ण काम का चयन :** कई बार हमारे सामने काम का इतना पहाड़ आ जाता है और हम इस दुविधा में पड़ जाते हैं कि हम कौन सा काम करें और कौन सा काम न करें। ऐसी स्थिति में मैंने 1-2-3 फॉर्मूले को लागू करने की सलाह देता हूँ जिसे मैंने राजलनीति टाइम मैनेजमेंट में भी बताया है।

  जब आप बहुत ज्यादा व्यस्त हों और यह ना समझ रहे हों कि कौन-सा काम करना है तो सर्वप्रथम आप शांति बनाए फिर आपको जिन-जिन कार्यों को करना है उसकी सम्पूर्ण सूची एक कागज पर बनाएँ या कम्प्यूटर या मोबाइल पर ताकि आप उसे आसानी से देख सकें और खुद से पूछें कि ऐसा कौन सा एकमात्र काम है जिसे करने से मेरा भविष्य सबसे उज्ज्वल होगा, मन में जो भी उत्तर आए उसे नोट कर लें।

  फिर खुद से पूछे ऐसा कौन सा दूसरा काम है जिसे करने से मेरा भविष्य उज्ज्वल होगा, मन में जो भी उत्तर आए उसे भी नोट कर ले। एक बार फिर खुद से पूछे ऐसा कौन-सा तीसरा काम है जिसे करने से मेरा भविष्य उज्ज्वल होगा, मन में जो भी उत्तर आए उसे भी नोट कर लें।

  अब खुद को अनुशासित करें कि पहले, दूसरे और तीसरे काम को प्राथमिकता पर करें यानी कि महत्त्व के क्रम के अनुसार और यदि समय शेष रहे तभी कोई अन्य काम करें।

  इस समय प्रबंधन तकनीक का लाभ यह है कि यह बहुत ही सरल है और यह जीवन को आसान बनाती है। अब जब भी काम का पहाड़ आपके सामने हो तो खुद से कहें 1-2-3 और शुरू हो जाएँ।

- **बिलों का करें समय पर भुगतान :** जब हम समय पर बिलों का भुगतान नहीं करते तो हमें लेट फीस के साथ-साथ आपको अन्य प्रकार के तनावों का सामना करना पड़ता है इसलिए हमें बिलों के भुगतान की तिथियों को नोट कर लेना चाहिए और उसका समय से पहले भुगतान कर देना चाहिए ताकि हम चिंता से बच सकें। उदाहरण के लिए :

  - बिजली बिल के भुगतान की तिथि
  - आयकर भुगतान की अंतिम तिथि

- स्कूल कॉलेज की फीस की भुगतान की अंतिम तिथि
- फोन और इंटरनेट के बिल के भुगतान की अंतिम तिथि
- अपने लोन के किश्तों को चुकाने की अंतिम तिथि
- अपने क्रेडिट कार्ड के पेमेंट के भुगतान की अंतिम तिथि

❖ **प्लान बी को रखें तैयार :** हमारे जीवन में अनेक ऐसे कार्य होते हैं जिनके लिए हमें दूसरों पर निर्भर रहना पड़ता है। उदाहरण के लिए घर बनाने के लिए पेंटर, प्लम्बर, कारपेंटर इत्यादि।

कई बार स्थितियां ऐसी आती है कि हमारी बहुत जरूरत के समय पर किसी कारण से वे उपलब्ध नहीं होते और इस कारण हम चिंता में आ जाते हैं। बेहतर होगा कि हम एक अतिरिक्त विकल्प जिसे मैं प्लान बी कहता हूँ को तैयार रखें ताकि ऐसी समस्या आने पर भी हम तैयार रहें और आसानी से स्थिति से निपट सकें।

❖ **नियमित रखरखाव :** हमारे जीवन में ऐसी बहुत सारी चीजें हैं जिन्हें नियमित रूप से सर्विसिंग की जरूरत होती है जैसे मोटर साइकिल, वाटर प्यूरीफायर, ए.सी. इत्यादि। ये सभी सामान सस्ते नहीं होते और इन्हें खरीदने के लिए अच्छी खासी रकम लगती है और इसलिए हमारी भी यही अपेक्षा रहती है कि ये लंबे समय तक चलें और ऐसा करने के लिए हमें इसका नियमित रखरखाव करना पड़ेगा तभी ये लंबे समय तक हमारा साथ निभा पाएंगे अन्यथा इनकी मरम्मत में हमें बहुत सी समय और पैसा खर्च करना होगा जिससे कि हमें अनावश्यक चिंता होगी, इसलिए बेहतर होगा कि हम हमारे सभी सामानों का नियमित रखरखाव करें और अनावश्यक चिंता से बचें।

❖

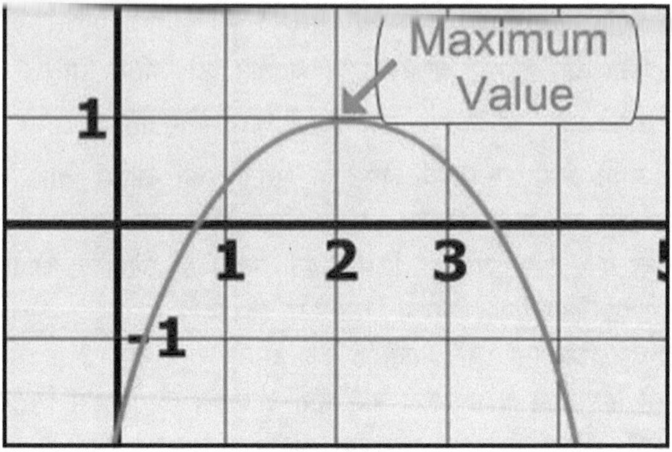

अध्याय 45

अधिक से अधिक यही हो सकता है...

"अधिकतम प्रभाव न्यूनतम प्रयास से प्राप्त करें।" **-ब्रूस ली**

जब स्थितियाँ विपरीत होती है तो हम इतने ज्यादा चिंतित हो जाते हैं कि हमारे निर्णय लेने और काम करने की क्षमता लगभग खत्म हो जाती है। यह विपरीत स्थितियाँ कुछ भी हो सकती हैं जैसे कोई रोग, व्यापार में बहुत बड़ा नुकसान, मुकदमा इत्यादि।

यदि बात रोग की है तो कल्पना करिए की अधिक से अधिक क्या हो सकता है शायद मृत्यु अब क्योंकि आपने कल्पना कर ली है कि इससे अधिक कुछ नहीं हो सकता अब खुद से पूछिए मैं इससे बचने के लिए क्या कर सकता हूँ, अपना आहार बदल सकता हूँ? अपना डॉक्टर सकता हूँ? योग या व्यायाम कर सकता हूँ? मैं ऐसा क्या कर सकता हूँ जिससे मैं इस रोग से मुक्त हो सकता हूँ?

यदि बात व्यापार में बहुत बड़े नुकसान की है तो अधिक से अधिक क्या हो सकता है शायद आपका व्यापार पूरी तरह से बर्बाद हो सकता है आप दीवालिया हो सकते हैं क्योंकि आपने कल्पना कर ली है कि इससे

अधिक कुछ नहीं हो सकता अब खुद से पूछिए कि मैं इससे बचने के लिए क्या कर सकता हूँ? क्या मैं किसी बैंक से बात कर सकता हूँ? क्या मैं अपने किसी मित्र से कर्ज के लिए बात कर सकता हूँ? क्या मैं किसी ऐसे व्यक्ति को खोज सकता हूँ जो मेरी ही स्थिति में था पर वह सफलतापूर्वक इस समस्या से उबर गया?

यदि बात किसी मुकदमे की हो तो अधिक से अधिक क्या हो सकता है शायद आप मुकदमा हार जाएँ क्योंकि आपने कल्पना कर ली है कि इससे अधिक कुछ नहीं हो सकता अब खुद से पूछिए कि मैं इससे बचने के लिए क्या कर सकता हूँ क्या मैं दूसरे वकील को रख सकता हूँ? क्या मैं विपक्षी पक्ष से समझौता कर सकता हूँ? क्या मैं कोई ऐसा प्रमाण खोज सकता हूँ जिससे मैं यह केस जीत जाऊँ?

अधिक से अधिक क्या हो सकता है जानने के बाद सोचने और काम करने की क्षमता हमें दोबारा मिल जाती है जो पहले चिंता के कारण खत्म हो गयी थी। "अधिक से अधिक क्या हो सकता है" का फॉर्मूला मेरे लिए बहुत कारगर रहा और इससे मुझे बहुत राहत मिलती है एक तरफ तो यह स्पष्ट है कि इससे अधिक कुछ नहीं हो सकता अब दूसरी तरफ मुझे मेहनत करनी है कि मैं ऐसा क्या करूँ कि मैं इस समस्या से बच सकूँ। एक बार आप भी इसे आजमाएँ। मुझे विश्वास है कि आपको भी शानदार परिणाम मिलेंगे।

स्ट्रेस मैनेजमेंट से जुड़ी अमल योग्य उपयोगी बातें :

- आपको आज जो भी समस्या परेशान कर रही है उसके बारे में सोचिए और खुद से पूछिए अधिक से अधिक क्या हो सकता है? अब जब यह स्पष्ट हो गया है कि इससे अधिक कुछ नहीं हो सकता अब खुद से पूछिए कि इससे बचने के लिए मैं क्या कर सकता हूँ?
- अधिक से अधिक क्या हो सकता है के फॉर्मूला को अपने मित्रों और शुभचिंतकों के साथ साझा करिए क्योंकि जितनी अच्छी चीजें आप दूसरों के साथ बाँटते हैं, उतनी ही अच्छी चीजें कई गुना होकर आप तक वापस लौटती हैं।

❖

अध्याय 46

न कल पर, न आने वाले कल पर, हमारा नियंत्रण तो सिर्फ आज पर है

"बधाई हो! आज आपका दिन है।" **-डॉक्टर सूस**

अतीत की ना जाने कितनी सारी बातों का बोझ हम आज भी अपने कंधों पर लादे हुए चल रहें हैं और चिंतित हुए जा रहे हैं अतीत या भूतकाल एक बहती हुई नदी की तरह है एक बार जो पानी बह गया सो बह गया वो कभी वापस नहीं आ सकता। इसी प्रकार भविष्य में क्या-क्या बुरा हो सकता इसकी कल्पना करके चिंतित क्यों होना, भविष्य के बारे में चिंतित होने के बजाए क्यों ना कुछ किया जाए क्योंकि हमारा भविष्य तो हमारे वर्तमान में (आज में) किए हुए कार्यों से ही निर्धारित होता है इसलिए सबसे बेहतर तरीका यही है कि हम बीते हुए कल की चिंता या आने वाले कल की चिंता ना करें और वही करें जो हम आज कर सकते हैं क्योंकि हमारा नियंत्रण सिर्फ और सिर्फ आज पर ही है।

जब आप सफल लोगों के बारे में पढ़ते हैं तो आप पाते हैं कि वे कभी

भी अतीत के बारे में ना ही चिंता करते हैं ना ही शिकायतें करते हैं इसी प्रकार वे भविष्य के बारे में भी ना चिंता करते हैं ना ही शिकायतें करते हैं इसके बजाए वे अतीत की गलतियों से सीखते हैं ताकि वे उन्हें भविष्य में न दोहराएँ साथ ही साथ वे भविष्य के लिए योजनाएँ भी बनाते हैं और उन्हें दिन-प्रतिदिन क्रियान्वित करते हैं और सफल होते हैं।

क्यों न हम और आप भी इन सफल लोगों से सीखें और अतीत के बारे ना ही चिंता करें और ना ही शिकायतें बल्कि अपने भविष्य को स्वर्णिम बनाने के लिए आज से ही मेहनत शुरू करें।

स्ट्रेस मैनेजमेंट से जुड़ी अमल योग्य उपयोगी बातें :

- अतीत में जो भी हुआ उससे दुखी होना या उसके बारे में शिकायतें करना छोड़ दीजिए क्योंकि आप उसके बारे में आप कुछ नहीं कर सकते, बल्कि अतीत से सीखिए और अपने भविष्य को संवारिए।
- भविष्य की योजना बनाइए और सोचिए भविष्य को बेहतर बनाने के लिए आप आज से ही कौन-कौन से काम कर सकते हैं?

❖

अध्याय 47

बड़े लक्ष्य को हमेशा याद रखें

"ऊँचे लक्ष्य निर्धारित करें और तब तक ना रुकें जब तक आप उन तक पहुँच ना जाएँ।" ***-बो जैक्सन***

आप चाहें व्यवसायी हो,या एक अभिभावक हों या कुछ और,आप जो भी काम करते हों उसमें यदि आप अपने बड़े लक्ष्य पर हमेशा ध्यान लगाएँगे तब आप ना सिर्फ सफल होंगे बल्कि चिंता से भी बचे रहेंगे।

उदाहरण के तौर पर यदि आप व्यवसायी हैं और आपके सामने एक ऐसा ग्राहक है जिसे ईगो की समस्या है,अगर आप ऐसे व्यवसायी हैं जिसके पास बड़ा लक्ष्य नहीं है तो आप उस ग्राहक को बहस में हराकर अपनी श्रेष्ठता साबित कर सकते हैं और अपने कर्मचारियों से वाह-वाही लूट सकते हैं और यदि आप एक ऐसे व्यवसायी है जिसके पास बड़ा लक्ष्य है, तो आप ग्राहक को ही श्रेष्ठ मानकर और उसे संतुष्ट करके सामान बेचेंगे और अपने व्यवसाय के लिए लाभ कमाएँगे।

इसी प्रकार यदि आप एक अभिभावक है और आप देखते हैं कि आपका बच्चा काफी चिड़चिड़ा और असामान्य व्यवहार कर रहा है, अगर आप एक

ऐसे अभिभावक हैं जिसके पास बड़ा लक्ष्य नहीं है तो आप बिना अपने बच्चे से बात किए उसे डरा धमकाकर उसे अपना व्यवहार सुधारने के लिए कह सकते हैं पर यदि आप एक ऐसे अभिभावक हैं जिसके पास बड़ा लक्ष्य है तब आप पहले अपने बच्चे से बातें करेंगे और समझेंगे की आखिर बच्चे को समस्या किस बात से आ रही है, कारण खोजने के बाद आप उस कारण का समाधान करेंगे और अपने बच्चे के जीवन को खुशियों से भर देंगे।

देखिए, व्यवसाय में बड़ा लक्ष्य होता है ग्राहक की बेहतर और शानदार सेवा करना और लाभ कमाना। ना की ग्राहक की व्यक्तिगत कमियों को खोजना और उससे बहस में जीतना,ऐसे ही एक अभिभावक का बड़ा लक्ष्य होता है बच्चों के जीवन को सही दिशा देना,आत्मनिर्भर बनाना और उनके जीवन को खुशियों से भरना ना की बच्चों को डरा-धमकाकर अपना मनचाहा काम पूरा कराना। ऐसे ही वैवाहिक जीवन में बड़ा लक्ष्य होता है एक दूसरे को समझना, सुख दुःख में सदैव साथ रहना और कभी भी साथ ना छोड़ना ना की अपने स्वार्थ के लिए इस्तेमाल करना।

कुल मिलाकर आप चाहे जो करते हों या एक व्यक्ति के रूप में आपकी रिश्ते में भूमिका जो भी हो हमेशा दूर दृष्टि रखें और बड़े लक्ष्य को याद रखें तभी आप सफल होंगे और चिंतामुक्त रह पाएँगे।

स्ट्रेस मैनेजमेंट से जुड़ी अमल योग्य उपयोगी बातें

- समय निकालिए और पहचानिए की जीवन की अलग-अलग भूमिकाओं में आपका बड़ा लक्ष्य क्या है?
- चिंता भरी छोटी-छोटी स्थितियों में भी अपने बड़े लक्ष्य को याद रखिए और विवाद में पड़ने से बचिए।

❖

अध्याय 48

अपना सर्वोत्तम प्रयास करिए और चिंता को भूल जाइए

"संतुष्टि प्रयासों पर निर्भर करती है, प्राप्ति पर नहीं, पूर्ण प्रयास का अर्थ है पूर्ण विजय" ***–महात्मा गांधी***

जब तेल की कम्पनियाँ तेल के कुएँ खोजती हैं तो वो तेल खोजने के लिए अपना सर्वोत्तम प्रयास करती है कुछ जगहों पर उन्हें सफलता मिलती है तो कुछ जगह पर नहीं,जिन जगहों पर उन्हें सफलता नहीं मिलती वहाँ से हटने से पहले वो अपना सर्वोत्तम प्रयास करते हैं एक निश्चित दूरी तक खोदने के बाद वो विशेषज्ञ की राय लेते हैं यदि तेल की सम्भावना नजर नहीं आती तो वे चिंतित नहीं होते और तेल की खोज बंद नहीं करते बल्कि इस बात को लेकर संतुष्ट होते हैं कि सिर्फ सर्वोत्तम प्रयास करना उनके हाथ में था और उन्होंने किया अब अगर वे अपनी इस असफलता के लिए चिंतित होंगे जो ना सिर्फ अपना समय बर्बाद करेंगे बल्कि अन्य तेल कुएँ को खोजने की सम्भावना को भी कम करेंगे।

याद रखिए हम सिर्फ और सिर्फ अपना सर्वोत्तम प्रयास कर सकते हैं और सिर्फ वही हमारे हाथ में है उदाहरण के तौर पर यदि आप एक व्यवसायी हैं तो अपने उत्पाद बेचने के लिए अपने ग्राहक को आप सर्वोत्तम कोशिश कर सकते हैं अगर फिर भी ग्राहक आपसे सामान नहीं खरीदता और आप चिंतित होते हैं तो आप अगले ग्राहक को बेचने की सम्भावना को कम करेंगे।

एक और उदाहरण लेते हैं यदि आप विद्यार्थी हैं और आपने लक्ष्य बनाया है की आप अपने कक्षा में सबसे पहले स्थान पर आएँगे पर किसी कारण से आप दूसरे नम्बर पर आ गए तो या तो आप इस बात के लिए संतुष्ट हो सकते हैं कि आपने अपना सर्वोत्तम प्रयास किया या फिर आप चिंतित हो सकते हैं कि कैसे आप दूसरे स्थान पर रह गए और आपका सहपाठी पहले स्थान पर आ गया यदि आप ऐसा करते हैं तो ना सिर्फ आपका भविष्य में पढ़ाई के लिए उत्साह ठंडा हो जाएगा बल्कि भविष्य में आप पहले स्थान पर आने की संभवानाओं को भी खत्म कर लेंगे।

ऐसे बहुत सारे उदाहरण है जब हमें असफलताएँ मिलती है और चिंतित हो जाएँगे मेरा सुझाव आपको ये होगा की जब भी आपको मनचाहे परिणाम ना मिले तो खुद से पूछें की क्या इस लक्ष्य को पाने में मैंने अपना सर्वोत्तम प्रयास किया था जवाब यदि हाँ है तो खुश होइए की आपने वो सब कुछ किया जो आपके हाथ में था यदि ऐसा नहीं है तो सोचिए कि जो कमी इस बार रह गयी उसकी भरपाई आप अगली बार कैसे करेंगे।

स्ट्रेस मैनेजमेंट से जुड़ी अमल योग्य उपयोगी बातें :

- अबसे खुद से वादा करिए जो भी करेंगे उसमें अपना सर्वोत्तम प्रयास करने के बाद ही शांति से बैठेंगे और संभवानाएँ ज्यादा है की जब आप अपना सर्वोत्तम प्रयास करेंगे तो आपकी सफलता भी सुनिश्चित हो जाएगी।
- यदि आपको मनचाहे परिणाम ना मिले तो खुद से पूछें की क्या इस लक्ष्य को पाने में मैंने अपना सर्वोत्तम प्रयास किया था जवाब यदि हाँ है तो खुश होईए की आपने वो सब कुछ किया जो आपके हाथ में था यदि ऐसा नहीं है तो सोचिए कि जो कमी इस बार रह गयी उसकी भरपाई आप अगली बार कैसे करेंगे।

❖

अध्याय 49

मूड खराब होने के बाद आप कितनी देरी में सामान्य होते हैं

"जब मेरा मूड खराब होता है तो मुझे कुछ भी सुनाई नहीं देता" ***-कैथी फ्रीमैन***

आज कल मोबाइल कम्पनियाँ दिन प्रतिदिन अपने मोबाइल फोन को बेहतर बनाने में लगी हुई हैं, कोई अपने कैमरा को बेहतर बना रही है तो कोई अपनी बैटरी और डिजाइन को। कुछ दिनों पहले मेरा एक और पहलू पर ध्यान गया जिस पर मोबाइल कंपनियां काम कर रहीं हैं और वह यह था की कंपनीयां अब ऐसे चार्जर उपलब्ध करा रही हैं जिससे की मोबाइल चार्जिंग में लगने वाला समय कई घंटों से घटकर अब बहुत कम समय का रह गया है। यानी की डिस्चार्ज अवस्था से सामान्य चार्ज या फूल चार्ज में लगने वाला समय जितना कम उतना अच्छा।

चार्जिंग के इस समय के बारे मैं सोच ही रहा था की तभी मेरे मन में यह आया की कई बार जब हम चिंतित होते हैं या हमारा मूड खराब रहता है (बिलकुल मोबाइल बैटरी डिस्चार्ज अवस्था की तरह) तब हमारा सामान्य

मूड में लौटने का समय कितना होता है? इस सोच पर मैं हैरान रह गया की हम ना जाने अपना कितना सारा समय मूड खराब के बहाने के नीचे दबा लेते हैं और अपने मूल्यवान कामों को नहीं करते क्या यह बेहतर नहीं होगा की अबसे हम मोबाइल टेक्नोलॉजी की ही तरह अपना चार्जिंग टाइम कम से कम रखें यानी कि मूड खराब से सामान्य मूड में आने वाला समय कम से कम हो।

स्ट्रेस मैनेजमेंट से जुड़ी अमल योग्य उपयोगी बातें :

- अबसे जब भी आपका मूड खराब हो इस बात का ध्यान रखिए कि आपको सामान्य अवस्था में आने में कितना समय लगता है?
- उन बातों पर भी गौर करें जिससे की आपका मूड खराब हो जाता है बेहतर होगा की आप ऐसे लोगों या ऐसे कामों से बचें जिनसे आपका मूड खराब होता है।

❖

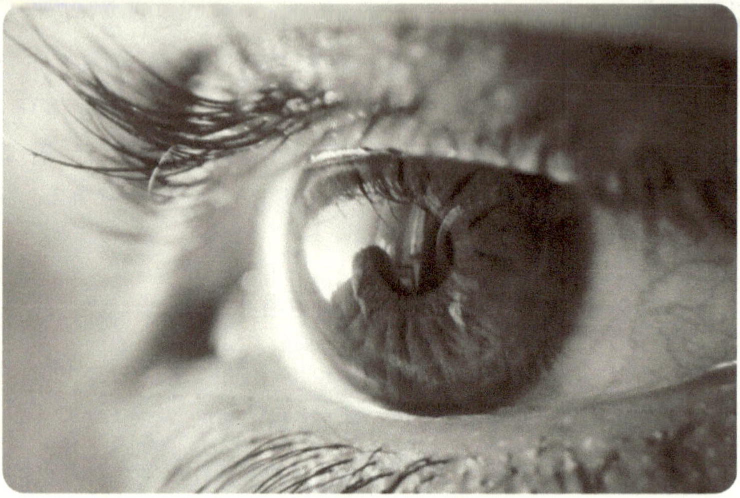

अध्याय 50

दूरदृष्टि रखें और चिंता से बचें

"अंधे होने के बाद अगर कोई सबसे खराब चीज हो सकती है वो है दूरदृष्टि का ना होना" **-हेलेन केलेर**

अप्रैल 2015 में उत्तर प्रदेश और आस-पास के क्षेत्रों में 2-3 बार भूकम्प आया और स्थानीय निवासी इससे दहशत में थे, समाचार चैनलों पर भी यह भविष्यवाणी की जा रही थी की ऐसी घटनाएँ अब अक्सर होती रहेंगी। लोग डर रहे थे की ना जाने अब क्या होगा पर समय बीता और लोग इन घटनाओं को भूल कर सामान्य हो गए।

मार्च 2020 में कोरोना नामक महामारी आयी और इसने बहुत विनाश किया, वर्ष 2021 में भी इसका कहर जारी रहा और बहुत से लोग यह भविष्यवाणी कर रहे थे की संसार खत्म हो जाएगा पर यह भयनाक तूफान भी थमा, वैक्सीन खोजी गयी और काफी हद तक इस पर नियंत्रण पा लिया गया।

कुल मिलाकर कहने का अर्थ यह है की समय के साथ भयनाक से भयानक चीजें भी सामान्य हो जाती है आवश्यक यह है की हम दूरदृष्टि रखें।

एक महिला जो जीवन से निराश होकर आत्महत्या करने जा रही थी पर इस डर से उसने आत्महत्या नहीं की कि उसके परिवार वालों के पास तो अंतिम संस्कार तक के पैसे नहीं है। बाद में उन्होंने बताया कि बहुत अच्छा हुआ कि उसने आत्महत्या नहीं की। आज उसका शानदार सा परिवार है, जिसमें उसके 8 पोते-पोतियाँ भी शामिल है, साथ ही साथ वो बहुत सारी सामाजिक गतिविधियों में भी हिस्सा लेती हैं। वे बताती हैं कि जो लोग आत्महत्या करने का विचार भी कर रहे हैं, मैं उनसे कहना चाहती हूँ कि निराशा के क्षण बस कुछ ही पल के होते हैं, ईश्वर में आस्था रखिए, ये निराशाएँ जल्द ही खत्म हो जाएँगी और फिर आपके जीवन में खुशियों और अवसरों के द्वार खुल जाएँगे। इसलिए भूल करके भी आत्महत्या मत करिए।

जब परिस्थितियां बहुत ज्यादा विपरीत हो तीन बातें हमें हमेशा याद रखनी चाहिए सबसे पहली यह समस्या भी बीत जाएगी क्योंकि हर समस्या की एक निश्चित अवधि होती है दूसरी यह की इस संसार में कुछ ऐसे भी लोग हैं जो आपसे भी ज्यादा परेशान हैं और तीसरा यह की लगभग हर विपरीत परिस्थिति में भी अच्छे पहलू को खोजा जा सकता है।

उदाहरण के तौर पर वर्ष 2008 में जब मेरा भारत के शीर्षस्थ एम.बी.ए. कॉलेज में एडमिशन नहीं हुआ तो मुझे बहुत दुःख हुआ उस समय लग रहा था की यह कितना खराब है पर यह अच्छा रहा क्योंकि मैं अपने शहर से बाहर नहीं गया और अपने घर पर ही था और मेरे दादाजी अस्वस्थ थे और मैंने बहुत सा समय उनके साथ बिताया। वर्ष 2010 में दादाजी का निधन हो गया यदि मैं बाहर चला जाता तो शायद मैं ये समय उनके साथ नहीं बिता पाता।

ऐसे ही एक बार मैंने खराब आर्थिक दौर देखा उस समय मुझे तकलीफ हुई पर इसने मुझे धन का महत्त्व सीखाया। ऐसे ही खराब स्वास्थ्य ने मुझे अच्छे स्वास्थ्य का महत्त्व सीखाया और ऐसे ही मुश्किल समय में यह सीखने

को मिला की यदि आप अपना मन नियंत्रण में कर लेते हैं और ठंडे दिमाग से काम लेते हैं तो सम्भावना अधिक है की आप उस समस्या से निकल जाएँगे और यदि आप ऐसा नहीं करते तो आपका मुश्किल समय और भी मुश्किल हो जाएगा।

हो सकता है की आपकी चुनौतियाँ या आपकी परिस्थियाँ बहुत ही ज्यादा विपरीत हो या कष्टदायी हो, उदाहरण के तौर पर हो सकता है आपने किसी पर अपने से ज्यादा भरोसा किया हो और बाद में उसने आपके साथ विश्वासघात करके आपके भरोसे को और आपको पूरी तरह से तोड़ दिया हो। ऐसे में टूटना तो बहुत आसान है क्योंकि विश्वासघात संसार की शायद सबसे असहनीय पीड़ा है पर जैसा मैंने पहले आपसे चर्चा की जब परिस्थितियां बहुत ज्यादा विपरीत हो तीन बातें हमें हमेशा याद रखनी चाहिए सबसे पहली यह समस्या भी बीत जाएगी क्योंकि हर समस्या की एक निश्चित अवधि होती है दूसरी यह की इस संसार में कुछ ऐसे भी लोग हैं जो आपसे भी ज्यादा परेशान हैं और तीसरा यह की लगभग हर विपरीत परिस्थिति में भी अच्छे पहलू को खोजा जा सकता है।

जहां तक विश्वासघात की बात है तो हो सकता है यह घाव कभी ना भरे पर हाँ दो बात तो पक्की है पहला यह की आप संसार के एकमात्र ऐसे व्यक्ति नहीं है जिसके साथ विश्वासघात हुआ है और यदि बात की जाए अच्छा पहलू खोजने की तो इसका अच्छा पहलू ये हो सकता है की आप ईश्वर को धन्यवाद दें की उन्होंने आपको बहुत जल्दी ही उनके असली रूप से परिचित करवा दिया नहीं तो बाद में आपको और भी ज्यादा तकलीफ और नुकसान होता। ईश्वर को इसलिए भी धन्यवाद दें की उन्होंने आपकी आँखों पर बंधी हुई पट्टी को हटा दिया और सभी चीजें आपके सामने स्पष्ट हो गयी हैं।

विश्वासघात से जो आपको दर्द मिला है उसका इस्तेमाल शिकायतें करने के बजाए खुद को प्रेरित करने में करें खुद को बेहतर बनाने में निखारने में करें।

विश्वासघात मिलने के बाद जीवन जीना बहुत कठिन हो जाता है पर यदि हम उन लोगों की ओर ध्यान लगाएँ जो हमारी खुशियों को देखकर

खुश होते हैं और हमें दुखी देखकर और भी ज्यादा दुखी होते हैं तो हमें जीने के लिए उद्देश्य मिल जाता है।

स्ट्रेस मैनेजमेंट से जुड़ी अमल योग्य उपयोगी बातें :

- हमेशा याद रखिए जब परिस्थितियां बहुत ज्यादा विपरीत हो तीन बातें हमें हमेशा याद रखनी चाहिए सबसे पहली यह समस्या भी बीत जाएगी क्योंकि हर समस्या की एक निश्चित अवधि होती है दूसरी यह की इस संसार में कुछ ऐसे भी लोग हैं जो आपसे भी ज्यादा परेशान हैं और तीसरा यह की लगभाग हर विपरीत परिस्थिति में भी अच्छे पहलू को खोजा जा सकता है।
- जब आप पूरी तरह से टूट गए हों तो अकेले ना रहें, किसी अपने या बड़े के पास जाएँ अपनी चिंताओं को साझा करें, याद रखिए ऐसा अक्सर देखा गया है सबसे मुश्किल पलों के बाद जीवन के सबसे सुंदर पल आते हैं।

❖

खंड 2

विभिन्न क्षेत्रों में स्ट्रेस मैनेजमेंट

अध्याय 51

चिंता को कम करने के लिए इन विषयों में जानकारी बढ़ाएं

"बिना अभ्यास के ज्ञान बेकार है और ज्ञान के बिना अभ्यास खतरनाक है।" ***-कनफ्यूसीयस***

यह कहना गलत नहीं होगा कि दिन-प्रतिदिन हमारा जीवन और भी ज्यादा चिंतापूर्ण और जटिल होता जा रहा है इसलिए हमें अपनी चिंता को हर हाल में नियंत्रित करना ही होगा और इस अध्याय में मैं आपके साथ पांच ऐसे क्षेत्र साझा करना चाहूंगा जिनमें हमें बहुत चिंता होती है और बेहतर होगा कि इन क्षेत्रों में जानकारी बढ़ाकर हम अपने चिंता को कम करें।

- **लोगों से तालमेल :** जो चिंता का सबसे बड़ा और सबसे प्रमुख क्षेत्र है वो हैं लोग। आप चाहें या ना चाहें प्रतिदिन हमें सैकड़ों लोगों से मिलना पड़ता है। हमारी सफलता या असफलता बहुत हद तक लोगों से हमारे तालमेल पर निर्भर करती है। इसलिए बेहतर होगा कि हम लोगों से किस प्रकार बेहतर तालमेल बैठाएं इस विषय में अपनी जानकारी बढ़ाएं।

- **स्वास्थ्य व आहार :** दूसरा जो सबसे प्रमुख चिंता देने वाला क्षेत्र है वो है आपका स्वास्थ्य, जब भी हमारी सेहत अच्छी नहीं होती हम अच्छा महसूस नहीं करते और इस वजह से हम अच्छी तरह से काम नहीं कर पाते और हमारे लोगों के साथ हमारा व्यवहार भी प्रभावित होता है और तब हम चिंता में आ जाते हैं। इसलिए हम अपने स्वास्थ्य को अच्छा रखने के लिए हम कौन-कौन सी आदतें डालें। हम कौन-कौन में आहार लें जिससे हमारा स्वास्थ्य अच्छा हो। इस विषय में भी जानकारी बढ़ाना अच्छा होगा।
- **धन :** तीसरा जो सबसे प्रमुख क्षेत्र है जिसमें हमें सबसे ज्यादा चिंता होती है वह है धन। ज्यादातर लोग धन के लिए हमेशा परेशान रहते हैं। वे सोचते हैं कि धन कमाने के लिए लोगों को भाग्यशाली होना पड़ता है। या धनवान लोग अच्छे नहीं होते ऐसे बहुत सारी धारणाओं के साथ वे अपना जीवन पूरा जीवन बिताते हैं जबकि दरअसल धन के लिए थोड़ा सा कॉमन सेंस लगाना होता है और लोगों की आवश्यकताओं को भांपकर उन्हें सबसे बेहतर तरीके से पूरा करना होता है।
- **कानून/अधिकारों संबंधित मूलभूत जानकारियां :** वर्तमान संसार जरूरत से ज्यादा जटिल और जटिल होता जा रहा है। अधिकांश लोग कहते कुछ हैं और करते कुछ हैं। इसलिए उनके मन में क्या चल रहा है हम स्पष्टता से नहीं बता सकते। इसलिए बेहतर होगा की हम थोड़ी बहुत मूलभूत या बेसिक कानून की या अपने अधिकारों की जानकारी रखें। जैसे कि संविधान हमें कौन-कौन से अधिकार देता है और उनके हनन होने पर हम कहाँ जाएं। ऐसे ही सरकार की ऐसी कौन-कौन सी नई योजनाएं हमारे हित में लागू की गयी हैं।
- **टेक्नोलॉजी :** वर्तमान युग को टेक्नोलॉजी का युग भी कहा जा सकता है, टेक्नोलॉजी ने दुनिया की दूरियों को खत्म कर दिया ह जिसमें इंटरनेट सबसे प्रमुख है। आपको अब पैसे लेकर चलने की जरूरत नहीं है आप आसानी से लाखों करोड़ों का ट्रांसेक्शन इंटरनेट के माध्यम से कर सकते हैं। जब टेक्नोलॉजी इतनी ताकतवर है तो हम पीछें क्यों रहें, इसलिए टेक्नोलॉजी के क्षेत्र में भी अपना ज्ञान बढ़ाएं और चिंता से बचें।

स्ट्रेस मैनेजमेंट से जुड़ी अमल योग्य उपयोगी बातें :

- खुद से पूछिये इन पांच क्षेत्रों में अपनी जानकारी बढ़ाने के लिए आप क्या कर सकते हैं। आप चाहें तो शुरुआत इसी पुस्तक से कर सकते हैं क्योंकि इन क्षेत्रों में बहुत सारे अध्याय इस पुस्तक में भी दिए गए हैं।
- अपने मित्रों और शुभचिंतको से भी इन पांच क्षेत्रों में जानकारी बढ़ाने के लिए प्रोत्साहित करें और इन विषयों में अपने विचारों का आदान-प्रदान करके चिंता मुक्त हो।

❖

अध्याय 52
स्ट्रेस मैनेजमेंट और लोग

"जब हम लोगों को समझने लगते हैं तो लोगों से हमारे संवाद करने की क्षमता भी बेहतर होने लगती है।"

-जॉन सी मैक्स्वेल

हम सुबह से उठने और रात में सोने के पहले तक अपना अधिकांश समय लोगों के साथ ही बिताते हैं। और यह सिर्फ एक ही दिन नहीं बल्कि हफ्ते, महीने, साल या यूं कहा जाए कि आजीवन चलता ही रहता है इसलिए हमें यह सुनिश्चित करना चाहिए कि हमारे अन्य लोगों के साथ बेहतर तालमेल हो ताकि हम एक सुखमय जीवन का आनंद ले सकें। यह विषय इतना बड़ा और महत्त्वपूर्ण है इसलिए आने वाले दिनों में मेरी योजना है कि राजलनीति श्रृंखला में एक किताब इस विषय पर अवश्य लिखूं पर इस अध्याय में मैं कुछ मूलभूत/बेसिक बातों पर चर्चा करूंगा जिन्हें अपनाकर आप लोगों के साथ बेहतर तालमेल बैठा सकते हैं :

1. **लोगों के नामों को याद रखें :** किसी भी व्यक्ति की सबसे बड़ी संपत्ति उसका नाम होती है और किसी भी व्यक्ति के लिए उसका नाम संसार का मधुरतम शब्द होता है। आपने अक्सर देखा होगा कि जब किसी

व्यक्ति के नाम का मजाक उड़ाया जाता है तो बात बहस, लड़ाई-झगड़े यहां तक कि मारपीट पर भी पहुंच जाती है जिससे यह स्पष्ट होता है कि व्यक्ति के लिए उसका नाम कितना महत्त्वपूर्ण होता है, इसलिए हमें लोगों के नामों के साथ बहुत सावधानी बरतनी चाहिए चाहे जब हम लोगों के नाम का उच्चारण करें या लोगों के नाम को लिखें।

2. **लोगों का नाम सम्मानपूर्वक लें :** कोशिश करें कि नाम लेते समय 'श्री' और 'जी' का इस्तेमाल अधिक से अधिक करें। उदाहरण के लिए यदि आप अपने से आयु में बड़े किसी का नाम ले रहे हैं तो 'श्री' लगाकर उनके नाम का सम्बोधन करें। कोई अनजान व्यक्ति या किसी ऐसे व्यक्ति जिससे अभी आपकी बहुत घनिष्टता नहीं है उसके नाम के अंत में 'जी' का प्रयोग करें, जब आप लोगों को सम्मान देना शुरू करते हैं तो संभावना अधिक है कि 100 में से 90 लोग भी प्रतिक्रिया स्वरूप आपके साथ सम्मान से पेश आएंगे।

3. **लोगों की खुशियों में दिल से खुश हों और उनके दुख में अफसोस भी जाहिर करें :** बहुत सारे ऐसे अवसर आते हैं जब व्यक्ति जीवन में बहुत ज्यादा खुश होता है जैसे जन्मदिन, एनिवर्सरी, गाड़ी खरीदना, घर खरीदना, डिग्री प्राप्त करना इत्यादि। जब भी ऐसे अवसर पड़ें हृदय से बधाई देना ना भूलें। हृदय से बधाई का मतलब है कि सिर्फ मुंह से बोल करके नीरसता से बधाई न दें बल्कि ऐसे बधाई दें जैसे ये जन्मदिन या एनिवर्सरी आपकी ही हो, जब आप दूसरों को खुद की जगह रखते हैं तभी आप उस भावना को महसूस कर पाएंगे और अपने हृदय से शुभकामनाएं दे पाएंगे, इसी प्रकार किसी के जीवन में दुख भरी घड़ी में भी अफसोस जाहिर करना न भूलें।

4. **लोगों से वही वादें करें जो आप निभा पाएं :** हमसे जब भी कोई व्यक्ति कोई वादा करता है तो हम उससे एक उम्मीद लगा बैठते हैं और जब वह व्यक्ति अपना वादा नहीं निभाता है तो हमें बहुत पीड़ा होती है। अगर हम भी वादा करके उन्हें ना निभाएं तो दूसरे लोगों को भी वही कष्ट होगा जो वादा टूटने पर हमें होता है। इसलिए वही वादे करें जो आप निभा पाएं।

5. **अगर मजाक करना ही है तो खुद पर करें :** ज्यादातर लोग मजाक करना तो जानते हैं पर मजाक बर्दाश्त करना नहीं जानते। यानी कि जब वे दूसरों पर मजाक या व्यंग्य करते हैं तो उन्हें बड़ा मजा आता है पर जब उनके बारे में मजाक किया जाता है तो उनका खून खौल जाता है और बात बढ़ जाती है जिससे अनावश्यक रूप से चिंता होती है। इसलिए बेहतर है कि यदि आपको मजाक करना ही है तो खुद के बारे में हल्के-फुल्के तरीके से मजाक करें इससे लोग आपको पसंद भी करेंगे और आपके लोगों के साथ संबंध भी खराब नहीं होंगे।

6. **धर्म, जाति, लिंग, देश इत्यादि पर कोई टिप्पणी ना करें :** अक्सर आपने देखा या सुना होगा कि धर्म या जातिगत टिप्पणी के कारण बहुत बड़ा विवाद हो जाता है। इसी प्रकार किसी लिंग, देश पर भी कोई अनावश्यक टिप्पड़ी ना करें। इससे ना सिर्फ संबंध खराब होते हैं बल्कि अनावश्यक चिंता भी होती है।

7. **राजनीति या खेल से जुड़ी हुई अनावश्यक टिप्पणी से भी बचें :** सभी की अपनी-अपनी राजनीतिक विचारधारा होती है कोई किसी पार्टी या किसी नेता का समर्थक होता है तो कोई किसी और पार्टी या नेता का। हर व्यक्ति का अपना व्यक्तिगत विचार होता है।

अगर आप व्हाट्सएप या फेसबुक इस्तेमाल करते हैं तो आपको बहुत सारे पोस्ट या संदेश को प्राप्त किया होगा जिसमें बताया जाता है कि एक पार्टी या नेता क्यों श्रेष्ठ है जबकि दूसरा नेता या पार्टी की जबरदस्त आलोचना की जाती है। पर बात यही पर नहीं रुकती। लोग इसे व्यक्तिगत तौर पर ले लेते हैं और यह सोच लेते हैं कि यह नकारात्मक प्रतिक्रिया किसी पार्टी या नेता पर नहीं बल्कि उन पर की गई है इसलिए बात बढ़ती जाती है और कई बार तो वर्षों पुराने संबंध खत्म हो जाते हैं।

इसी प्रकार क्रिकेट जैसे खेल में किसी खिलाड़ी या टीम के प्रदर्शन पर चर्चा का रुख नकारात्मक की ओर मुड़ जाता है जिससे हमारे संबंध भी खराब होते हैं और हमें अनावश्यक चिंता होती है। इसलिए मेरा सुझाव होगा कि यदि आप राजनीति से ना जुड़े हों तो इस पर अनावश्यक चर्चा करने या पोस्ट करने से बचें और रही खेल की बात तो इसे खेल की भावना के

साथ देखिए कोई भी हारने के लिए नहीं खेलता हार किसी को भी अच्छी नहीं लगती और जब कभी हमारा देश पराजित होता है तो हमारा दिल टूटता है पर हमें अपने खिलाड़ियों का हौसला बढ़ाना चाहिए ताकि उनका मनोबल न टूटे और वे भविष्य में अपनी गलतियों से सीखें और देश का सदैव नाम रौशन करते रहें।

स्ट्रेस मैनेजमेंट से जुड़ी अमल योग्य उपयोगी बातें :

- याद रखिए आपकी सफलता बहुत हद तक लोगों के सहयोग पर निर्भर करती है इसलिए लोगों से अच्छे सम्बन्ध बनाने पर मेहनत करें।
- याद रखिए आप लोगों से जैसा व्यवहार करते हैं सम्भावना है कि 100 में से 90 बार वो आपसे भी वैसा ही व्यवहार करेंगे।

❖

अध्याय 53

स्ट्रेस मैनेजमेंट और आहार

"स्वस्थ रहने के लिए कम मत खाइए, सही खाइए।"

-राजल

जब हम अपनी गाड़ी में तेल डलवाते हैं तो हमारी पूरी कोशिश रहती हैं कि हम किसी ऐसे पेट्रोल पंप से ही तेल भरवाएं जहां शुद्ध पेट्रोल मिलता है क्योंकि हम जानते हैं कि यदि हमने मिलावटी या अशुद्ध तेल भरवाया इससे गाड़ी का इंजन खराब भी हो सकता है। पर दुर्भाग्यवश हम इतनी सावधानी अपने शरीर के इंजन यानी कि अपने पेट का नहीं रखते हमारे हाथ में जो भी आता है जिस समय भी आता है हम खा लेते हैं।

हम अपने आहार के बारे में ना तो कोई योजना बनाते हैं ना ही आहार के बारे में कोई अध्ययन करते हैं कि कौन सा भोजन हमारे शरीर को सर्वोत्तम पोषण देगा।

क्योंकि आहार का विषय इतना महत्त्वपूर्ण है और एक प्रचलित कहावत भी है कि "जैसा अन्न वैसा मन।" इसलिए मैं इस अध्याय में

कुछ सामान्य सी बातें जो हमारी सेहत को बेहतर बनाती है उन पर चर्चा करना चाहूंगा।

1. **अपने भोजन में फलों को शामिल करें :** वर्तमान समय में फास्ट फूड और पैक्ड आइटम्स का चलन इतना ज्यादा हो गया है कि हमारी फलों पर निर्भरता कम होती जा रही है।

सेहत से जुड़े एक्सपर्ट तो यह कहते हैं कि सुबह उठने पर सबसे पहले फलों को खाएं और कोशिश करें कि आपके 11-12 बजे तक के भोजन में फलों के अलावा कुछ ना हो। उनकी सलाह थोड़ी कठिन है लेकिन हां एक चीज जो हम जरूर कर सकते हैं कि सुबह उठते ही सबसे पहले कोई फल खाएं जैसे की सेब।

2. **खाने में सलाद को भी शामिल करें :** ऐसा कई सर्वे में पाया गया है कि जब हम खाने को पकाते हैं तो तापमान के कारण बहुत सारे पोषक तत्व खत्म हो जाते हैं इसलिए हमें सब्जियां कच्चे रूप में भी खानी चाहिए। सलाद न सिर्फ भोजन का स्वाद बढ़ाता है बल्कि आपको बहुत सारे पोषक तत्वों को भी प्रदान करता है जो आपके शरीर के विकास के लिए बहुत आवश्यक है।

3. **हमारा शरीर 70 प्रतिशत पानी है लेकिन हम यह बात अक्सर भूल जाते हैं :** बहुत सारी जगहों पर हमने पढ़ा है कि हमारे शरीर का 70 प्रतिशत हिस्सा पानी है अगर यह बात सच है तो हमारे शरीर को एक बहुत बड़ा हिस्सा पानी का भी चाहिए होता है पर व्यस्तता भरी इस जिंदगी में हम तभी पानी पीते हैं जब हमारा गला सूखने लगता है। पर हमें यह स्थिति नहीं आने देनी चाहिए। हमें नियमित रूप से पानी की पर्याप्त मात्रा को पीते रहना चाहिए ताकि हमारे शरीर में कभी भी डीहाइड्रेशन की स्थिति न आए।

4. **पर्याप्त मात्रा में ऑक्सीजन लें :** ऑक्सीजन को हम अन्न की श्रेणी में तो नहीं रखते पर कई बार तो ऑक्सीजन अन्न से भी ज्यादा महत्त्वपूर्ण भूमिका निभाता है। हम अन्न के बगैर कुछ घंटे या दिन रह सकते हैं पर ऑक्सीजन के बिना कुछ मिनट से ज्यादा नहीं रह सकते। इससे स्पष्ट हो जाता है कि ऑक्सीजन हमारे लिए कितना महत्त्वपूर्ण है। संसार में प्रदूषण और हमारी काम करने की आदतों के कारण हम पर्याप्त मात्रा

में स्वच्छ हवा भी नहीं ले पाते। इसलिए बेहतर होगा कि हम दिन की शुरुआत प्राणायाम और योग से करें। यदि संभव हो तो किसी पार्क या मैदान में जाए या फिर आपके घर की छत भी एक अच्छा विकल्प हो सकता है।

यदि आप एक हफ्ते भी प्राणायाम सही तरीके से करते हैं तो आपको देखकर आश्चर्य होगा कि आप कितने बेहतर तरीके से काम कर रहें हैं इसलिए प्राणायाम को अपने दैनिक दिनचर्या का हिस्सा बनाएं।

5. **धूम्रपान और नशें से बचे :** मैं आपको गर्व से बताना चाहूंगा कि मैंने जीवन में कभी भी धूम्रपान या नशा नहीं किया है। हां, नशा किया है किताबों के अध्ययन का और एक बेहतर इंसान बनने का। धूम्रपान और नशे के बारे में कुछ विचार आपसे साझा करना चाहूंगा सबसे पहली बात तो कभी भी इसे शुरू ही ना करें। बहुत सारे लोग सोचते हैं कि सिर्फ एक बार, इसे मैं अगली बार हाथ तक नहीं लगाऊंगा पर एक बार आप इसके जाल में फंसते हैं तो फंसते ही चले जाते हैं।

   दूसरी चीज यह कि आप एक अच्छे उदाहरण बनें। मेरा आपसे एक प्रश्न होगा कि यदि आप नशा करते हैं तो क्या आप अपने बच्चों को नशा करने से रोक सकते हैं? शायद नहीं, क्योंकि बच्चा तुरंत ही आप पर उंगली उठा देगा। कोई भी ऐसा उदाहरण प्रस्तुत ना करें जो आप नहीं चाहते की आपके बच्चे भी करें।

6. **यदि संभव हो तो शाकाहारी बनें :** मैं इस विवाद में नहीं पड़ना चाहता की शाकाहार अच्छा होता है या मांसाहार, जहां तक मेरी बात है। मुझे बहुत खुशी होती है कि मेरे पूर्वजों ने 100% शाकाहार में विश्वास और जीवनमूल्यों को मेरे अंदर डाला।

   जापान में 100 वर्ष से अधिक आयु के लोगों के समूह का अध्ययन किया गया और उनमें बहुत सी समानताएँ पाई गयी जिनमें शाकाहार सबसे प्रमुख थी।

   अक्सर हम किसी बड़े अभिनेता या बड़े खिलाड़ी के बारे में सुनते हैं कि उन्होंने मांसाहार छोड़कर शाकाहार को अपना लिया। इसके पीछे एक बड़ी वजह यह होती है कि हमारी बहुत सारी ऊर्जा खाना पचाने में लगती है और जब हम मांसाहार का सेवन करते हैं इसमें लगने वाली

ऊर्जा और भी ज्यादा होती है। जबकि शाकाहारी भोजन में ना सिर्फ पचाने में लगने वाली ऊर्जा कम होती है बल्कि यह जल्दी पच भी जाता है।

शाकाहार के बहुत सारे लाभ हैं जिसे आप चाहें तो इंटरनेट पर खोज सकते हैं। और मैं फिर से आपसे कहना चाहूंगा कि यदि संभव हो तो शाकाहार को अपनाएं।

7. **अति सर्वत्र वर्जयेत :** किसी भी चीज की अति हानिकारक है, बहुत सारे युवा ये सोचते हैं कि क्योंकि शरीर के विकास में प्रोटीन की आवश्यकता होती है तो वे प्रोटीन की अत्यधिक खुराक ले लेते हैं जो कि लाभ पहुंचाने की जगह उन्हें नुकसान पहुंचा देती है, सिर्फ प्रोटीन ही नहीं, विटामिन, कैल्शियम इत्यादि कोई भी तत्व हो सभी चीजों में संतुलन सबसे महत्त्वपूर्ण हैं।

स्ट्रेस मैनेजमेंट से जुड़ी अमल योग्य उपयोगी बातें :

- **आप कितने रंगों के फल व सब्जीयां खातें हैं :** प्रकृति सुंदरता से भरी हुई है हमारे शरीर को बहुत सारे पोषक तत्वों की जरूरत होती है जिनमें तरह तरह के विटामिन, मिनिरल्स, कैल्शियम इत्यादि पाए जाते हैं। इस जानकारी में उलझने की की किसमे कौन कौन से विटामिन या पोषक तत्व पाए जाते हैं। मैं एक खेल बना लेता हूँ और देखता हूँ कि मैं कितने रंगों के फल और सलाद में कितने रंग की सब्जियां खा सकता हूँ क्योंकि इससे होता यह है कि मुझे सभी प्रकार के पोषक तत्वों के मिलने की संभावना बढ़ जाती है।
- **ड्राई फ्रूट्स :** जैसे आप नमकीन का इस्तेमाल करते हैं उसकी जगह आप भुने हुए काजू, साल्टेड पिस्ता इत्यादि का इस्तेमाल कर सकते हैं।

❖

अध्याय 54

स्ट्रेस मैनेजमेंट और धन

"यदि आप पैसे का महत्त्व जानना चाहते हैं तो जाइए कुछ पैसे उधार माँगने की कोशिश करिए।" ***–बेंजामिन फ्रैंक्लिन***

हमारे जीवन को चलाने में धन की बहुत महत्त्वपूर्ण भूमिका है, अगर हम बेहतर तरीके से और खुशहाल तरीके से जीवन जीना चाहते हैं, तो हमारे पास पर्याप्त मात्रा में धन होना ही चाहिए। ज्यादातर लोग अक्सर धन की समस्याओं का सामना करते हैं और इसी कारण वे हमेशा चिंता में रहते हैं। धन के पीछे बहुत सारी मान्यताएं जुड़ी हुई हैं जो हमारी चिंता को बढ़ाती हैं उनमें से प्रमुख है धन भाग्य से मिलता है, धनवान लोग अच्छे नहीं होते, धन के कारण ही अपराध होते हैं, इत्यादि।

हो सकता है कि आपके जीवन में कुछ ऐसे लोग आएं हो जो धनवान हो और अच्छे नहीं हो या आपने कुछ ऐसे धनवान लोगों को देखा है जो अपराधी प्रवृति के हों पर सभी लोगों को एक ही श्रेणी में रखना उचित नहीं है।

संसार के एक समय में सबसे अधिक धनी व्यक्तियों में से एक जॉन डी रॉकफेलर ने अपना बहुत सारा धन स्कूल कॉलेजों को खुलवाने, अस्पताल बनवाने में खर्च किया, इसी प्रकार वर्तमान समय में संसार के सबसे धनी व्यक्तियों में से एक बिल गेट्स भी अपनी आमदनी का एक बड़ा हिस्सा समाज कल्याण में लगाते हैं। अगर भारत की बात की जाए तो उद्योगपति रतन टाटा भी बहुत सारी सामाजिक गतिविधियों में दिल खोल कर पैसा देते हैं। सिर्फ उद्योगपति ही नहीं बहुत सारे धनी अभिनेता, खिलाड़ी, गायक इत्यादि जैसे लोग अपने पैसे का इस्तेमाल संसार की भलाई में कर रहें हैं इसलिए सबको एक तराजू में तौलना गलत होगा।

इस अध्याय में मैं आपके साथ धन से संबंधित कुछ विचार साझा करना चाहूंगा जो आपको चिंता से बचने में सहायता करेंगे।

1. **धन की कभी भी बुराई मत करें :** भले ही आज आपकी आर्थिक स्थिति कैसी भी हो कभी भी धन की आलोचना न करें, जैसे कि धन के कारण अपराध होते हैं या धनवान लोग अच्छे नहीं होते इत्यादि।

   यह सिद्धांत बिल्कुल वैसे ही काम करता है जैसे कि आप किसी व्यक्ति की बार-बार आलोचना करते हैं तो वह आपसे दूर से ही देखकर भाग जाता है वैसे ही बार-बार आलोचना के कारण धन भी आपसे दूर भाग जाता है।

2. **जितना आप कमाते हैं उससे कम खर्च करें :** कुछ दिनों पहले मैंने देखा कि एक व्यक्ति ने दीपावली के अवसर पर एक बहुत शानदार गाड़ी खरीदी। मात्र 10 दिन के भीतर ही उसके पड़ोसी ने उससे भी महंगी और उससे भी शानदार मॉडल खरीद ली। जबकि उसे कार की कोई आवश्यकता नहीं थी। कार खरीदते वक्त तो उसे बहुत खुशी हुई पर जब कार की लोन की किश्तों को भरने का समय आया तो वह बहुत चिंता में आ गया और लोन नहीं भर पाए और इसके आगे की स्थितियों की कल्पना आप स्वयं कर सकते हैं।

   कहने का अर्थ बड़ा ही सरल है दिखावे पे ना जाइये अपनी आर्थिक स्थिति को समझकर ही काम करिए वरना आपको भविष्य में बहुत सारी समस्याओं का सामना करना पड़ सकता है।

3. **ना उधार दें, ना उधार लें :** मैंने ऐसा कई बार पाया है जब आप किसी को उधार देते हैं तो उसे वसूलने में बहुत ज्यादा समस्याएं आती हैं, ना सिर्फ हमारा समय, बल्कि हमारे संबंध भी बहुत ज्यादा खराब हो जाते हैं जिससे हम बहुत ज्यादा चिंता में आ जाते हैं इसलिए एक नियम बना लें कि भले ही लोग पहली बार बुरा मानें आप उधार नहीं देंगे।

   वर्तमान समय में क्रेडिट कार्ड कंपनियां बहुत धड़ले से क्रेडिट कार्ड बांट रही हैं, बहुत सारे आकर्षक ऑफर्स भी दे रही है कि किसी भी तरीके से आप बस उनके काड्र्स खरीद लें, उसके बाद हम देख ते हैं कि दीपावली या नए साल में ऑनलाइन कम्पनियाँ अलग-अलगे क्रेडिट कार्ड के माध्यम से आपको एक्स्ट्रा छूट प्रदान करती हैं। और इस लुभावने ऑफर्स को देखकर आप रुक नहीं पाते और चाहे आपको सामान की जरूरत हो या ना हो आप सामान खरीद लेते हैं और बाद में जब उसकी किश्तों या ई.एम.आई. का भुगतान करने का समय आता है तो आपके ऊपर एक अतिरिक्त दबाव आ जाता है कि कहीं आपने समय पर ई.एम.आई का भुगतान नहीं किया तो आपके ऊपर लेट फीस या ब्याज लग जाएगा।

   इस तरह बिलों का भुगतान करने के लिए आपको कई बार ओवरटाइम काम करना पड़ता है तो कई बार आप लोगों से पैसे उधार लेने पड़ते हैं। बेहतर है कि ऐसी स्थिति में पड़ना ही क्यों। अपने ऊपर थोड़ी सख्ती रखिये और आपकी जितनी आमदनी हो उससे कम ही खर्च करिए।

4. **अपने लिए भी और अपने परिवार के लिए भी बचाएं :** आपका जीवन सिर्फ आपका नहीं है आपकी जिम्मेदारियां आपके बच्चों और परिवार के अन्य सदस्यों के प्रति भी है इसलिए बचत को अपने जीवन का हिस्सा बनाएं। आपकी जो भी आय हो सबसे पहले 10 प्रतिशत आय को बचत के लिए अलग निकाल दें और उसे हाथ भी न लगाने। जैसे जैसे समय बीते आप अपनी बचत के 10 प्रतिशत को 20 से 30 प्रतिशत तक कर सकते हैं।

   जब आपको पता होता है कि चाहे आपके या आपके परिवार की जरूरत के लिए आपके पास पर्याप्त पैसे हैं तो आपका आत्मसम्मान

और ज्यादा बढ़ जाता है, क्योंकि आप जानते हैं कि आपने इसके लिए अपनी इच्छाओं का त्याग किया है और इस कारण आज आप किसी पर निर्भर नहीं हैं। जब हम बचत की आदत अपनाते हैं तो हमारे भीतर पैसों को लेकर एक अलग आत्मविश्वास आ जाता है। बेहतर होगा की हम जो पैसा बचा रहें हैं उसे बैंक में डाल दें ताकि हमें हमारी बचत पर ब्याज भी मिलता रहे और हमारी आमदनी बढ़ती रहे।

5. **पैसा ऐसी चीजों पर खर्च करें जिनकी कीमत समय के साथ बढ़े:** वर्तमान समय में हममें से ज्यादातर लोग अपने पैसे का एक बहुत बड़ा हिस्सा इलेक्ट्रॉनिक उत्पादों जैसे बहुत महंगे मोबाइल, लैपटॉप, टीवी इत्यादि पर खर्च करते हैं साथ ही साथ महंगी कारें, मोटर साईकल पर भी एक अच्छी खासी राशि खर्च करते हैं। पर एक बार आपने इन चीजों को खरीद लिया उसके बाद यदि आप इन्हें तुरंत बेचना चाहें तो बड़ी मुश्किल से ही इनकी आधी कीमत भी आपको मिल पाए।

   मेरे एक शुभचिंतक मुझे बता रहे थे कि एक बार उन्होंने बड़े ही शौक से एक 56,000 रुपए का मोबाइल फोन खरीदा था कुछ ही दिनों बाद उन्हें एक पारिवारिक समस्या आई जिसकी वजह से उन्हें पैसों की जरूरत थी। उस वक्त उन्होंने अपने इस 56,000 के मोबाइल को बेचने की कोशिश की। मोबाइल बहुत अच्छी स्थिति में होने के बावजूद मात्र 20,000 रुपए में बिक पाया।

   अब आते हैं कुछ ऐसी चीजों के बारे में जिनका समय के साथ मूल्य बढ़ता है (लंबे समय में) और यहां मैं आपके साथ 3 ऐसी चीजें साझा कर रहा हूँ जिनका समय के साथ मूल्य बढ़ते हुए देखा जा सकता है और वे 3 चीजें हैं सोना, चांदी और जमीन और सबसे अच्छी बात यह है कि इन्हें इलेक्ट्रॉनिक उपकरण या गाड़ियों की अपेक्षा काफी आसानी से और बेहतर दामों में बेचा जा सकता है।

   आप चाहें तो समय-समय पर सोने या चांदी के सिक्के खरीद सकते हैं, इसमें होने वाला छोटा-छोटा निवेश समय के साथ बढ़ता जाता है। जमीन में एक बड़े निवेश की आवश्यकता होती है लेकिन बहुत से बैंक और प्रॉपर्टी संस्थाएँ जमीन की खरीद को आसान बनाने के लिए सस्ते

दर पर लोन की सुविधाएं आजकल उपलब्ध करा रहीं हैं जिससे आप जमीन खरीदने के अपने सपने को आसानी से पूरा कर सकते हैं।

6. **आमदनी के एक से अधिक स्त्रोत विकसित करिए :** यह थोड़ा कठिन है पर थोड़े से प्रयास से हम इसे विकसित कर सकते हैं। आमदनी के एक से अधिक स्त्रोत रखना इसलिए भी समझदारी है ताकि यदि आपका एक स्त्रोत गड़बड़ा जाए तो हमारे पास आय का एक और वैकल्पिक स्त्रोत रहे।

उदाहरण के तौर पर मेरे एक मित्र हैं जो एक व्यवसायी हैं। व्यवसाय करने के साथ-साथ उन्होंने शेयर बाजार में भी अपने पैसों का निवेश करना शुरू किया। एक समय ऐसा भी आया जिसकी वजह से उनका व्यापार रातों-रात बर्बाद हो गया क्योंकि उन्होंने बहुत सारा-निवेश शेयर बाजार में कर रखा था, इसलिए वे इस आर्थिक संकट से उबर सके यदि उन्होंने शेयर बाजार में निवेश नहीं किया होता तो भगवान जाने की स्थिति क्या होती, इसलिए आप भी यदि संभव हो तो आय के एक से अधिक स्त्रोत विकसित करें। उदाहरण के तौर पर यह किसी मित्र के साथ साझेदारी में कोई काम शुरू करना हो सकता है, शेयर बाजार में निवेश या आप चाहे तो कोई संपत्ति को किराए पर उठा सकते हैं, जिससे आपको नियमित निष्क्रिय आमदनी आती रहे।

स्ट्रेस मैनेजमेंट से जुड़ी अमल योग्य उपयोगी बातें :

- जैसे सेहत से जुड़ी समस्याओं के समाधान के लिए आप किसी एक्सपर्ट/विशेषज्ञ (डॉक्टर) की सलाह लेते हैं वैसे ही पैसे के बारे में भी किसी से भी राय न लें बल्कि एक्सस्पर्ट की राय लें। एक पुरानी कहावत है कि आगे का रास्ता वही बेहतर बता सकता है जो उस रास्ते पर चलकर लौट रहा हो। हममें से बहुत सारे लोग ऐसे लोगों से राय लेते हैं जिनकी आर्थिक स्थिति खुद ही अच्छी नहीं है। एक बात तो स्पष्ट है यदि वो अपनी स्थिति नहीं सुधार पाए तो हमारी स्थिति क्या सुधारेंगे।
- **पैसों के साथ सम्मानपूर्वक व्यवहार करें :** अक्सर लोग पैसों को बेतरतीब तरीके से रखते हैं जिससे यही संदेश जाता है कि उन्हें पैसों

की परवाह नहीं है। उदाहरण के तौर पर लोग जब पैसों को पर्स में रखते हैं तो वे मुड़े हुए और उल्टे सीधे होते हैं। 100 के नोटों के बीच में 10 के नोट उसके बीच 200 का नोट इत्यादि कुल मिलाकर आप स्थिति समझ सकते हैं। जब हम नोटों को क्रम में और व्यवस्थित करके रखते हैं तो भी हम पैसों को अच्छा महसूस करते हैं इसलिए अबसे नोटों को व्यवस्थित रखें।

- **जब पैसा प्राप्त हो तो खुश रहें जब लोगों को पैसे दें तो भी अच्छे मन से दें :** जब आपको पैसा प्राप्त हो तो आप खुश रहें ये तो आपको समझ में आ गया लेकिन जब आप दूसरों को पैसा दे तो भी अच्छे मन और खुशी से दें इसके पीछे वजह यह है कि जो भी आप ऊर्जा संसार को देते हैं वही ऊर्जा आपकी ओर लौटकर आती है यदि आप संकोच के साथ या दुखी मन से पैसे को खर्च करते हैं तो पैसा भी आपकी ओर उसी ऊर्जा के साथ वापस आएगा। याद रखिये पैसा बस एक माध्यम है जिसके द्वारा आप सेवाओं और उत्पादों को खरीद सकते हैं इसलिए इस माध्यम को खुशियों के साथ प्रवाहित करिए ताकि ये आपकी ओर भी खुशी-खुशी वापस आए।
- **धन के बारे में ज्ञान बढ़ाएँ :** एक बार लगभग 2.5 साल के बच्चे को उसके पिता ने 100 नोट दिया और पूछा कि इसका क्या करोगे? तो उसने कहा कि इसका वह चॉकलेट खरीदेगा, पर यदि उसे 1000 रुपए दिए जाएं और तब भी उसका उत्तर वही हो तो सही नहीं रहेगा इसलिए हमें पैसे के बारे में अपनी जानकारी को बढ़ाना चाहिए तैयारी करनी चाहिए कि जब हमारी आमदनी बढ़े तो हम इसका निवेश कैसे करेंगे और कितनी मात्रा में खर्च करना उचित रहेगा।

❖

अध्याय 55

स्ट्रेस मैनेजमेंट और व्यापार

*"व्यावसायिक अवसर बसों की तरह होते हैं और इसलिए हमेशा कोई न कोई अवसर आते रहते हैं। **–सर रिचर्ड ब्रैंसन***

वर्तमान समय में व्यापार करना बहुत ही चुनौतीपूर्ण होता जा रहा है। प्रतिस्पर्धा जबरदस्त है, इस वजह से ग्राहक के पास पहले से बहुत ज्यादा विकल्प है। पर अब भी यदि हम मूलभूत बातों पर मेहनत करते हैं तो हम बेहतर तरीके से व्यापार चला सकते हैं और चिंतामुक्त रह सकते हैं। और इस अध्याय में ऐसे ही कुछ सुझावों पर चर्चा करते हैं :

1. **व्यापार आपकी पसंद से नहीं ग्राहक की पसंद से चलता है :** मुझे याद है जब मैं बचपन में अपने पैतृक घड़ी की दुकान वाच हाउस पर अपने दादाजी के साथ बैठा करता था तो एक बार मैंने अपने दादाजी से कहा था "बाउजी आप इन सब मॉडलों की घड़ियों को मत मंगवाया करिए ये मुझे बिलकुल भी पसंद नहीं हैं आप सिर्फ इन मॉडल की घड़ी को अधिक से अधिक मात्रा में मंगवाया करिए क्योंकि मुझे वही पसंद है।" इस पर दादाजी मुस्कुराए और बोले "बाबू हमको भी

कुछ ही मॉडल पसंद है पर दुकान चलाने के लिए अपनी नहीं बल्कि ग्राहक की पसंद के हिसाब से चलना पड़ता है।"

ये सिद्धांत जितना उस समय सही था उतना आज भी सही है, ग्राहक की जरूरत को समझिए और उन्हें वही दीजिये जो वे चाहते हैं।

2. **ग्राहक से हमेशा सम्मानपूर्वक व्यवहार करें :** याद रखिये ग्राहक ही व्यापार का आधार है, अगर ग्राहक किसी व्यापार को चला सकते हैं तो ग्राहक किसी व्यापार को बंद भी करवा सकते हैं।

   ग्राहकों से मुस्कुराकर और विनम्रतापूर्वक ही बात करें। हो सकता है आज आपका व्यापार शिखर पर हो पर इसे शिखर पर ग्राहक ने ही पहुंचाया है। मुझे लगता है कि भले ही आपके पास संसार के किसी बड़े से बड़े संस्थान की एम.बी.ए की डिग्री हो पर यदि आपका व्यवहार बहुत रूखा-सूखा है तो आप व्यापार में बहुत बड़ी सफलता प्राप्त नहीं कर पाएंगे।

3. **ग्राहक से उतने ही वादे करें जो आप निभा पाएं :** अक्सर देखा जाता है कि लोग अपने सामान और सेवाओं को जल्दी बेचने के चक्कर में ग्राहक से बड़े-बड़े और लुभावने वादे कर डालते हैं, जिनसे प्रभावित होकर ग्राहक उनसे वे सेवाएं और उत्पाद खरीद लेता है, पर बाद में जब ग्राहक को सत्य का पता चलता है तो उसे बड़ा कष्ट होता है।

   भविष्य में सामान खरीदने की बात तो छोड़ ही दें वो अपने परिचय के सभी लोगों को अपने साथ हुए धोखे का अनुभव भी साझा करता है और इस कारण उनमें से ज्यादातर लोग आपसे व्यापार नहीं करते।

4. **खुश रहने वाले और विश्वासपात्र कर्मचारियों को ही अपने व्यापार से जोड़ें :** आपका व्यापार जितना बड़ा होता जाता है उतना ही कम आप अपने उपभोक्ताओं से मिल पाएंगे। आपके व्यापार का ज्यादातर प्रतिनिधित्व आपके कर्मचारी ही करेंगे।

   अगर आपके कर्मचारी व्यवहार कुशल, ईमानदार हैं और आपकी संस्था के लिए समर्पित है तो आपको व्यापार में सफल होने से कोई नहीं रोक सकता।

   यहां मैं अपना एक व्यक्तिगत अनुभव आपके साथ साझा करना

चाहूंगा। देश की एक प्रतिष्ठित चार पहिया कंपनी ने एक बड़ी 7 सीटर गाड़ी लांच की थी। मेरे मित्र इस गाड़ी को लेकर बहुत उत्साहित थ और उन्होंने मुझसे कहा कि वो इसे लेकर बहुत उत्साहित हैं और वे इसके ब्लैक कलर के मॉडल को खरीदेंगे।

मेरे मित्र मेरे साथ उस गाड़ी के शोरूम पर गए जहां उन्होंने गाड़ी को टेस्ट ड्राइव करने की इच्छा जाहिर की। कंपनी के दो आदमी यानी कि मार्केटिंग का एक आदमी और एक ड्राइवर गाड़ी में बैठे और पूरे रास्ते गाड़ी की विशेषताओं के बारे में बताते रहे। मेरे मित्र ने कहा अच्छी बात है पर अब मैं गाड़ी को टेस्ट ड्राइव करना चाहूंगा पर ड्राइवर ने यह कहकर मना कर दिया कि अभी बहुत सारे लोगों को गाड़ी दिखानी है।

मुझे ड्राइवर की बात अच्छी नहीं लगी क्योंकि टेस्ट ड्राइव का मतलब ही यही होता है कि आप एक बार गाड़ी को चलाकर उसका अनुभव ले सकें कि वाकई में गाड़ी कैसी है और इसके आधार पर ही निर्णय लें। जैसा मैंने आपको बताया कि मुझे ड्राइवर की बात अच्छी नहीं लगी और जहां तक मेरे मित्र का सवाल था वो तो ड्राइवर के व्यवहार से बहुत नाराज थे वो इस कंपनी के एक पुराने ग्राहक थे और उन्होंने अब तक इस कंपनी की तीन गाड़िया पहले ही खरीद रखी थी पर ड्राइवर के खराब व्यवहार के कारण उन्होंने एक दूसरी कंपनी से जुड़ने का फैसला किया और उन्होंने इस कंपनी की जो 7 सीटर गाड़ी खरीदी उसकी कीमत थी 28 लाख रुपए।

मुझे लगता है कि मेरे मित्र ही नहीं और भी ऐसे ग्राहक होंगे जो कंपनी की एक खराब नियुक्ति के कारण कंपनी के सामानों को खरीदना छोड़ रहें होंगे अगर कंपनी ने ऐसे लोगों को ही भर्ती करना जारी रखा तो आप खुद अंदाजा लगा सकते हैं कि कंपनी को कितना नुकसान होगा।

5. **व्यापारिक औपचारिकताओं को समय से पहले पूरा करें :** व्यापार करने के लिए बहुत सारी औपचारिकताओं को भी पूरे करने पड़ते हैं जिसमें बहुत सारी कागजी कारवाई भी शामिल है। उदाहरण के लिए टैक्स। टैक्स भरने की तैयारी पहले से ही करते रहें और उनका भुगतान

समय से पहले करें अन्यथा आपको कई जुर्मानाओं का सामना करना पड़ेगा और जो चिंता होगी वो अलग।

6. **कम से कम उधार देने की कोशिश करें :** ऐसा देखा जाता है जब हम किसी को उधार देते हैं तो उधार लेते समय तो उनका व्यवहार बड़ा अच्छा रहता है पर जब हम अपना उधार वापस मांगते हैं तो वे हमसे ऐसा व्यवहार करते हैं जैसे हमने कोई अपराध कर दिया हो। और अपने ही पैसे को वापस पाने के लिए हमें बार-बार चक्कर लगाने पड़ते हैं और इससे हमें बहुत ज्यादा चिंता होती है इसलिए बेहतर होगा इस सिद्धांत को याद रखें जितना कम उधार उतनी कम चिंता।
7. **बीमा :** अपने व्यापार का बीमा जरूर करवाएँ ताकि दुर्घटना की स्थिति में आपको कम से कम आर्थिक नुकसान हो साथ ही साथ आग से बचाव के लिए अग्निशमन यंत्र का प्रबंध भी हमेशा रखें।

स्ट्रेस मैनेजमेंट से जुड़ी अमल योग्य उपयोगी बातें :

- **अपने व्यापार के क्षेत्र में नियमित रूप से अपनी जानकारी को बढ़ाते रहें :** वर्तमान समय में व्यापार बहुत तेजी से बदल रहा है और इसलिए यह आवश्यक है कि हम परिवर्तन के साथ चलें। और इसलिए यह आवश्यक है कि हम अपने व्यापार में हो रहे परिवर्तन और प्रगति के बारे में जागरूक रहें और इसके लिए अपने व्यापार से जुड़ी पत्र-पत्रिकाओं को पढ़ते रहें। अपने व्यापार से जुड़े संगठनों से जुड़े और अपने ही क्षेत्र से जुड़े व्यापारियों से जानकारी का आदान-प्रदान करते रहें।
- **ग्राहक की जरूरत के अनुरूप खुद को ढालें :** मैं अपने शहर के एक प्रख्यात मिठाई की दुकान से दो दशक से खरीदारी कर रहा हूँ, कुछ सालों पहले उस दुकान के निकट एक एगलेस केक और पेस्ट्री की दुकान खुली और वो बहुत सफल रही। ग्राहको की जरूरत को ध्यान में रखते हुए उस प्रख्यात मिठाई की दुकान ने भी एगलेस केक और पेस्ट्री को बनाना और बेचना शुरू किया और उनका यह काम भी मिठाई के काम की तरह सफल रहा।

❖

अध्याय 56

स्ट्रेस मैनेजमेंट और बच्चे

"बच्चे आपके लिए संसार का पुनर्निर्माण करते हैं।"

-सूजन सैरनडन

माता या पिता बनना संसार के सबसे सुखमय क्षणों में से एक होता है। माता-पिता की जिम्मेदारी जीवन की सबसे कठिन जिम्मेदारियों में से एक होती है क्योंकि यह जिम्मेदारी निभाना बहुत ही कठिन है इसलिए अक्सर इस भूमिका को निभाते समय हमें चिंता का सामना करना पड़ता है और इस अध्याय में मैं आपके साथ कुछ ऐसे सुझावों पर चर्चा करूंगा जिनकी वजह से आप अभिभावक के रूप में काफी चिंतामुक्त हो सकते हैं :

1. **बच्चों को अच्छा बनाने के लिए अच्छे उदाहरण प्रस्तुत करें :** बच्चे उतना सीखाने से नहीं सीखते हैं जितना यह देखकर सीखते हैं कि उनके माता पिता क्या कर रहें हैं। यदि आप चाहते हैं कि आपके बच्चे समाज के अच्छे नागरिक बने तो आपको स्वयं आगे बढ़कर एक अच्छा नागरिक बनना होगा और उन्हें दिखाना होगा कि अच्छा नागरिक किसे कहते हैं।

हमारे दादा जी ने हमारे परिवार को बनाया और आज हम जो भी हैं सिर्फ उनकी वजह से ही हैं। हमारे दादाजी और दादीजी ने यह सुनिश्चित किया हमारे परिवार में कभी भी किसी भी प्रकार का नशा या धूम्रपान न हो साथ ही साथ उन्होंने शाकाहार के जीवनमूल्य भी हमारे अंदर डाले शायद यही कारण है कि जीवन में मैंने आजतक कभी भी मांसाहार और किसी भी प्रकार का नशा या धूम्रपान को हाथ तक नहीं लगाया।

2. **बच्चों को सदैव सच बोलने के लिए प्रोत्साहित कीजिये :** समाज में अक्सर देखा जाता है कि हम बच्चों को गलतियां करने पर डांटते-धमकाते हैं और उनके अंदर डर पैदा कर देते हैं मानों गलतियां करना पाप है और जब गलतियाँ हो जाती है तो इस डर से कहीं उन्हें डांट न पड़े इसलिए वो झूठ बोलना ही बेहतर समझते हैं।

   जबकि हमें उन्हें गलतियां करने में सतर्क करना चाहिए उन्हें यह समझाना चाहिए कि गलतियां तभी गलतियां हैं जब हम उनसे कुछ ना सीखें। बेहतर होगा कि हम अपनी गलतियों की बजाए दूसरों की गलतियों से सीखें।

   बहुत से अभिभावक बच्चों के सामने अपनी गलती मानने से इनकार कर देते हैं क्योंकि उन्हें लगता है कि बच्चों के सामने अपनी गलती स्वीकारना शर्मिंदगी की बात है। ऐसा करना गलत है क्योंकि जैसा मैंने पहले कहा कि बच्चे सबसे अधिक आपकी बातों से नहीं बल्कि आपके द्वारा किये गए कामों से सीखते हैं इसलिए एक अच्छा उदाहरण पेश करें और बच्चों में यह भावना जगाएं कि हर परिस्थिति में आप उनके साथ हैं।

3. **चाहे सफलता हो या असफलता बच्चों के लिए आपका प्यार एक जैसा होना चाहिए :** बहुत सारे अभिभावक अपने बच्चों को शर्तों पर आधारित प्यार करते हैं सरल शब्दों में यदि बच्चा अपने अभिभावकों के मन अनुसार काम करता है वे तभी उसे प्यार करते हैं अन्यथा नहीं। मैं खुद को बहुत भाग्यशाली मानता हूँ, मेरे जीवन में मेरे दादाजी थे जिन्होंने मुझे सदैव निःस्वार्थ भाव से प्यार किया और जब मुझे और पूरे संसार को लगता था कि मैं अपने जीवन में कुछ नहीं कर पाऊंगा तब भी वे मुझसे निःस्वार्थ भाव से प्यार करते थे और कहते थे "हमारा बाबू

हमारा खूब नाम करेगा।" वो एक दिन नहीं बल्कि हर दिन मुझसे यही कहा करते थे ना जाने कैसे उनकी यह बात मेरे दिमाग में घर कर गई और आज मैं जो भी हूँ मैं उस सफलता का श्रेय अपने दादाजी स्व० राधेश्याम गुप्त जी के निःस्वार्थ प्यार को देता हूँ।

जब आप अपने बच्चों को निःस्वार्थ भाव से प्यार करते हैं तो आप उनके अंदर एक जबरदस्त आत्मविश्वास की भावना पैदा करते हैं और जब आप ऐसा नहीं करते तो उनके अंदर हमेशा यह डर बना रहता है कि अगर उन्होंने आपके मन अनुसार काम नहीं किया तो उन्हें आपके प्यार से वंचित होना पड़ेगा।

4. **हमेशा मछलियां पकड़कर न दें बल्कि मछलियां मारना भी सिखाएं:** एक कहावत है यदि आप किसी का पेट भरना चाहते हैं तो उन्हें मछलियां पकड़कर दे दें और अगर आप उनका आजीवन पेट भरना चाहते हैं तो आप उन्हें मछलियां मारना सीखा दें। यही बात बच्चों के लिए भी सही है। एक समय तक तो वे आप पर निर्भर रहेंगे पर आगे का जीवन तो उन्हें अकेले ही काटना है और अपने परिवार की जिम्मेदारी को भी लेना है इसलिए उन्हें प्रोसाहित करिए कि वे अपने पैरों पर मजबूती से खड़े हों और खुद को और अपने परिवारों को मजबूती से संभालें।

5. **बच्चों को डॉक्टर या इंजीनियर बनाने से पहले एक अच्छा इंसान बनाएं:** मेरे एक परिचित हैं जिनका बच्चा अभी मात्र 5 से 6 साल का है वो बार-बार अपने बच्चे को प्रोत्साहित करते हैं कि जब भी कोई पूछे की बड़ा होकर वो क्या बनेगा तो जवाब देना कि मैं बड़ा होकर डी.एम. बनूंगा। एक तरह से यह अच्छी बात है कि वो अपने पुत्र को बड़े सपने देखने के लिए प्रेरित कर रहें हैं। वहीं दूसरी ओर उनका बच्चा दूसरों से अच्छा व्यवहार नहीं करता है तो भी वे उसे नजरअंदाज करते हैं। हो सकता वो अपने बच्चों को एक सफल इंसान बना दें। पर क्या वे अपने बच्चे करे एक अच्छा इंसान बन पाऐंगे?

कुल मिलाकर मैं यही कहना चाहता हूँ कि सफल इंसान बनाकर आप अपने बच्चे की मदद करते हैं पर अगर आप अपने बच्चे को एक सफल इंसान के साथ-साथ एक अच्छा इंसान भी बना देते हैं तो आप ना सिर्फ अपने बच्चे की बल्कि पूरी समाज की भी मदद करते हैं।

6. **बच्चों की आलोचना उन्हें नीचा दिखाने के लिए नहीं बल्कि उन्हें बेहतर बनाने के लिए करें :** अभिभावक का काम बच्चे को बेहतर बनाना होता है और उसके लिए कई बार प्यार के साथ साथ आलोचना की भी आवश्यकता होती है पर आलोचना का उद्देश्य उन्हें बेहतर बनाना होना चाहिए उन पर अपनी भड़ास निकालना या नीचा दिखाना नहीं। अन्यथा आप अपने बच्चे के मनोबल को तोड़ देंगे। आलोचना करते वक्त एक और बात ध्यान में रखनी चाहिए कि आप बच्चे की नहीं बल्कि उसके द्वारा किये गए किसी गलत काम की आलोचना करें।
7. **बच्चों के लिए सबसे महत्त्वपूर्ण है आपका समय :** सुपरहिट फिल्म शराबी में महानायक अमिताभ बच्चन के बिगड़ने का जो सबसे बड़ा कारण रहता है कि उनके पिता अपनी व्यापारिक व्यस्तता के कारण उन्हें समय नहीं देते और मां की असामायिक मृत्यु के कारण उनका पालन पोषण ठीक तरह से नहीं हो पाता और वो बिगड़ जाते हैं।

यह फिल्म भले ही बहुत पुरानी हो चुकी है पर इससे हमारे लिए सीखने के लिए बहुत कुछ है। आप बच्चों को बड़े-बड़े उपहार और सामान दे सकते हैं पर उनका मूल्य आपके समय के आगे कुछ भी नहीं है। बच्चे आपका प्यार चाहते हैं और बच्चे आपका समय चाहते हैं।

जब भी आप बच्चों को अपना समय दें तो उस दौरान अपना पूरा ध्यान अपने बच्चों पर ही लगाएं और उन्हें यह एहसास कराएं की जीवन में उनसे ज्यादा महत्त्वपूर्ण आपके लिए कुछ भी नहीं है।

स्ट्रेस मैनेजमेंट से जुड़ी अमल योग्य उपयोगी बातें :

- **प्रतिदिन बच्चों के लिए समय निकालिए :** अपने व्यस्त टाइम-टेबल में से बच्चों के लिए एक निश्चित समय निर्धारित कीजिए, शाम या रात का समय बेहतर होगा क्योंकि उस समय आप अपने काम से और बच्चे स्कूल से खाली होंगे।
- बच्चे को यह एहसास दिलाइए कि जीवन के उतार-चढ़ाव में आप सदैव उनके साथ है, और जब आप ऐसा करते हैं तो उनके विकास की गति बहुत ज्यादा बढ़ जाती है।

❖

अध्याय 57

स्ट्रेस मैनेजमेंट और समस्या निवारण

“पूरा जीवन ही समस्या को सुलझाने में लग जाता है।

-कार्ल पोप्पर

एक दिन एक गुरु अपने शिष्यों के समक्ष बहुत देर से आए जिससे शिष्य लोग थोड़े आश्चर्य में पड़ गए क्योंकि गुरुजी ने इससे पहले कभी भी आने में देरी नहीं की थी। पर इस बार गुरुजी ने अपने कंधे पर एक रस्सी डाल रखी थी।

गुरु जी ने अपना आसन ग्रहण किया और रस्सी जिसमें अनेकों गांठ लगी हुई थी अपने शिष्यों को दे दी। इसके बाद गुरुजी ने कहा कि इसे पहले जैसा करो।

शिष्यों ने सोचा कि यह कौन सा बड़ा खेल है उन्होंने रस्सी को पूरे बल के साथ खींचा और जितने बल के साथ वो रस्सी को खींचते गांठ उतनी ही मजबूती से कसती जाती। एक के बाद एक सभी शिष्य यही काम कर

रहे थे आखिरकार थक हारकर सभी शिष्यों ने आखिरकार वो रस्सी गुरुजी को सौंपी। गुरुजी ने उस रस्सी को बड़े ही शांति से उठाया और बड़े ही प्रेमपूर्वक रूप से रस्सी की एक समय में एक गांठ को ढीला करके खोलते गए। कुछ समय अवश्य लगा पर आखिरकार गुरुजी ने एक एक करके सभी गांठों को खोल लिया।

उसके बाद गुरुजी ने कहा कि हमारे जीवन में समस्याएं भी इन्ही गांठ की तरह होती है। हम इन्हें ठंडे दिमाग से एक-एक करके सुलझाने के बजाए इसे खींचकर और भी ज्यादा मजबूत बना देते हैं और चिंता में आ जाते हैं। जब भी जीवन में समस्या आए तो आराम से और ठंडे दिमाग से उसे हल करने की कोशिश करो।

और इस अध्याय में हम स्पष्ट करेंगे कि समस्या को हल करने और उन्हें आसान बनाने की तकनीकें कौन-कौन सी हैं :

1. **आप समस्या के बारे में क्या कर सकते हैं :** सबसे पहले तो ये जाने कि इस समस्या के बारे में क्या आप कुछ कर सकते हैं या नहीं? जब भी कोई समस्या आए तो खुद से पूछें :

   - क्या मैं इस समस्या के बारे में कुछ कर सकता हूँ?
   - क्या कोई और ऐसा व्यक्ति है जिसने भी इस समस्या का सामना किया था और इस पर विजय पाई थी, कौन है ऐसा व्यक्ति और उसे मैं कहा खोज सकता हूँ?
   - क्या इस समस्या के समाधान के बारे में किताबें उपलब्ध है?
   - क्या इंटरनेट पर किसी विशेषज्ञ ने इस समस्या के समाधान के लिए तरीके बताएं हैं?

   एक और चीज जो आप खुद से पूछ सकते हैं वह यह है कि क्या इस पर मेरा कोई नियंत्रण है या इस पर मेरा कोई नियंत्रण नहीं है। यदि ये नियंत्रण से बाहर है तो इसे प्रभु पर छोड़ दें, यदि यह नियंत्रण में है तो आप खुद से पूछ सकते हैं कि क्या यह प्रत्यक्ष नियंत्रण में है यानी कि इस समस्या का हल पूरी तरह से आप पर निर्भर है या अप्रत्यक्ष नियंत्रण यानी कि समस्या का समाधान किसी दूसरे के सहयोग पर निर्भर करता है।

2. **विचार मंथन :** इस तकनीक में हम एक सादा कागज और एक पेन

लेते हैं और उस कागज के ऊपर अपनी समस्या लिखते हैं और उसके नीचे उस समस्या के संभावित 20 समाधान लिखते हैं। यह तकनीक बहुत ही सरल और उपयोगी है। आपके समस्या के समाधान के शुरू के 5-6 विकल्प को बहुत ही सरल होंगे पर जैसे-जैसे आप आगे बढ़ते जाते हैं आपको अपने दिमाग पर बहुत जोर डालना पड़ता है।

उदाहरण के तौर पर आपकी समस्या हो सकती है कि आप अपनी आमदनी 25 प्रतिशत बढ़ाना चाहते हैं। शुरुआत के विकल्प हो सकते हैं कि आप ओवरटाइम करेंगे, आप प्रोमोशन के लिए एक अतिरिक्त डिग्री लेंगे, पार्ट टाइम कुछ और भी काम करेंगे इत्यादि पर जैसे-जैसे आप आगे बढ़ेंगे आपको विकल्पों के लिए और भी ज्यादा दिमाग पर जोर डालना पड़ेगा। पर यह महत्त्वपूर्ण है कि आप कम से कम 20 समाधान जरूर लिखें। और जब आपने विकल्प लिख लिए तो एक-एक करके विकल्प को आजमाना शुरू करिए जब तक आप की समस्या का हल नहीं हो जाता।

3. **बुद्धिमंथन :** इस तकनीक में हम 3 से 7 लोगों का समूह बनाते हैं और समस्या के संभावित समाधान के विकल्पों पर चर्चा करते हैं। प्रतिभागियों द्वारा जो भी समाधान के विकल्प सुझाए जाते हैं उन सभी को नोट कर लिया जाता है। विकल्प चाहे अच्छा हो या अतार्किक इस पर कोई बहस नहीं की जाती बस सभी समाधान के विकल्पों को नोट कर लिया जाता है। और आखिर में इन समाधानों के विकल्पों को एक-एक करके तब तक आजमाया जाता है जब तक समस्या पूरी तरह से हल नहीं हो जाती।

स्ट्रेस मैनेजमेंट से जुड़ी अमल योग्य उपयोगी बातें :

- **समस्या को खींचे नहीं बल्कि एक-एक करके हल करें :** एक बड़ी समस्या को देखकर डरिए नहीं बल्कि उसे कई टुकड़ों में हल करिए।
- आप अपनी समस्या को ऊपर बताई गई किस विधि से हल कर सकते हैं? एक बार आप जान जाएँ की कौन सी विधि आपके लिए उपयुक्त है उसके बाद समस्या को हल करने में लग जाएँ।

❖

अध्याय 58

स्ट्रेस मैनेजमेंट और विद्यार्थी

"आजीवन विद्यार्थी बनें, क्योंकि संसार में सीखने के लिए बहुत कुछ है।" ***-राजल***

विद्यार्थी जीवन, एक व्यक्ति के जीवन में बहुत ही महत्त्वपूर्ण और यादगार समय होता है। जीवन के बहुत सारे सुंदर और यादगार पल हमें विद्यार्थी जीवन में ही देखने को मिलते हैं। अपने दिमाग पर आप भी जोर डालिये कि आपके जीवन में कितने यादगार पल आपके विद्यार्थी जीवन से मिले।

पर वर्तमान समय में विद्यार्थी जीवन में भी बहुत ज्यादा स्ट्रेस देखने को मिलता है। आज से 15-20 साल पहले परीक्षा में नंबर बहुत मुश्किल से मिला करते थे पर आज तो 100 में से 100 भी अक्सर देखने और सुनने को मिल जातें हैं। इसलिए यह कहना गलत नहीं होगा कि प्रतियोगिता बहुत बढ़ गयी है। जब लोग अच्छी शिक्षा प्राप्त कर लेते हैं तो उनके मन में यह धारणा बन जाती है कि क्योंकि मैं इतना उच्च शिक्षित हूँ इसलिए मैं इससे नीचे का काम नहीं करूंगा इसलिए बेरोजगारी भी बढ़ती जा रही है। खैर, चिंता कम करने के कुछ सुझाव जो मैं विद्यार्थियों को देना चाहूंगा

(राजलनीति टाइम मैनेजमेंट में मैंने विद्यार्थियों के लिए टाइम मैनेजमेंट नामक एक नया खंड जोड़ा है जो कि आपको बहुत सारी चिंताओं से बचा सकती है इस विषय में अधिक जानकारी के लिए आप राजलनीति टाइम मैनेजमेंट का अपडेटेड संस्करण पढ़ सकते हैं) :

- **पढ़ाई नंबर पाने के लिए नहीं बल्कि सीखने के लिए करें :** जब हम पहले ही यह धारणा बना लेते हैं कि मुझे इतने नंबर पाने हैं या मुझे 90% नंबर नहीं मिले तो क्या होगा? जब हम ऐसी बातें सोचते हैं तो अनावश्यक रूप से हम अपने ऊपर दबाव बना लेते हैं जबकि जब हम किसी विषय को उत्सुकता के साथ सीखने के उद्देश्य से अध्ययन करते हैं तो हमारे अंदर जोश रहता है और हम अपने ऊपर से दबाव को हटा लेते हैं। स्कूल के शुरूआती दिनों में मुझे कंप्यूटर विषय से बहुत डर लगता है क्योंकि मुझे वो समझ में ही नहीं आता था और मैं अक्सर इसमें फेल हो जाता था या किसी तरह से पास हो पाता था। पर सौभाग्यवश बाद में मुझे कुछ ऐसे गुरुजन मिले जिन्होंने इस विषय को इतने रोचक तरीके से पढ़ाया जिससे मुझे यह समझ आने लगा और मैं इसके बारे में ज्यादा से ज्यादा जानने चाहता था और शायद यही कारण था कि एक समय ऐसा था जब मैं इस विषय से भागता था और बाद में मैंने कंप्यूटर विषय से बी.सी.ए, ए लेवल (पी.जी.डी.सी.ए), बी लेवल(एम.सी.ए.), सी.एस.एस.ए. और सी.एस.एस.पी की डिग्री ली। इसलिए मैं आपको फिर से यही सुझाव देना चाहूंगा की नंबर के लिये नहीं सीखने के लिए पढ़ें।
- **ऐसी पढ़ाई का चुनाव करें जो भविष्य में आपके सबसे अधिक काम आए :** बहुत से लोग किसी ऐसे विषय को सिर्फ इसलिए चुनते हैं क्योंकि उनके दोस्त ने इस विषय को चुना है या उनके बड़े चाहते हैं कि वे इस विषय को लेकर पढ़ाई करें, पर बाद में उन्हें अफसोस होता है कि उन्हें यह विषय नहीं चुनना चाहिए क्योंकि पहली बात तो उनको ये विषय समझ में नहीं आता और दूसरी बात यह कि चुना हुआ विषय उनके भविष्य में काम नहीं आता उदाहरण के लिए "X" नामक एक विद्यार्थी अपने सबसे अच्छे दोस्त वाय "Y" को देखकर बायोलॉजी विषय चुनता है पर बायोलॉजी में उसे कोई रुचि नहीं है उसकी रुचि

तो अपने पैतृक व्यवसाय को बढ़ाने में है, बेहतर होता कि वह कॉमर्स या मैनेजमेंट की शिक्षा लेता।

- **परीक्षा के दिन :** अधिकांश विद्यार्थी परीक्षा के दिन बहुत ही ज्यादा चिंता में होते हैं और शोध से यह पाया गया है कि मस्तिष्क जितनी अच्छी तरह शांति की स्थिति में काम कर सकता है यह चिंता की स्थिति में उतनी अच्छी तरह काम नहीं कर सकता। कहने का अर्थ बड़ा ही सरल है कि हम ऐसा क्या करें कि हमारा दिमाग परीक्षा के दौरान शांत रहे, चलिए सबसे पहले मैं आपको यह बताता हूँ कि जब मैं कॉलेज का विद्यार्थी था उन दिनों मैं क्या किया करता था :
- परीक्षा से पहले वाली रात मैं यह सुनिश्चित करता था कि मैं एक अच्छी नींद पूरी कर लूँ।
- परीक्षा के दिन मैं कोशिश करता था कि अपने सहपाठियों से कम से कम मिलूँ क्योंकि होता यह था कि जब भी परीक्षा के दिन मैं इन लोगों से मिलता था तो इस बात की सम्भावना अधिक होती थी कि वे लोग इस बारे में चर्चा करेंगे कि कौन सा प्रश्न आने वाला या क्या आपने इस टॉपिक या विषय को पढ़ा या नहीं (इत्यादि)? जिससे होता यह था कि मन में दुविधा और भी अधिक बढ़ जाती थी।
- परीक्षा केंद्र पर मैं कोई भी कापी या किताब नहीं ले जाता था ताकि मैं परीक्षा शुरू होने से पहले कुछ ना पढ़ सकूँ जिससे मेरे मन में दुविधा ना बढ़े।
- घर से परीक्षा केंद्र पर निकलने से पहले हेडफोन लगाकर हनुमान चालीसा व उनकी आरती सुनता था, प्रभु से सहायता माँगता था और फिर परीक्षा देने घर से निकलता था।
- परीक्षा खत्म होने के बाद भी अपने सहपाठियों से बस मुस्कुराकर अभिवादन करता था और पेपर कैसा हुआ उस पर ज्यादा चर्चा नहीं करता था।
- परीक्षा खत्म होने पर सीधे घर पहुँचते ही वह प्रश्नपत्र किसी जगह सुरक्षित रख देता था, भले ही परीक्षा अगले दिन हो तब भी थोड़ा आराम करता था क्योंकि इससे मस्तिष्क को थोडी शांति मिलती थी और इससे मस्तिष्क रीचार्ज होता और बेहतर तरीके से पढ़ने के लिए तैयार होता था।

- परीक्षा के दिन बहुत ज्यादा नहीं पढ़ता था। सिर्फ महत्त्वपूर्ण बिंदु यानी कि नोट्स या फिर जरूरी बातों का ही अध्ययन करता था और कोई नया विषय तो बिलकुल भी नहीं पढ़ता था।
- परीक्षा के दिन हल्का भोजन करता था।

अब ये तो रही मेरी बात। ये बातें मेरे लिए काफी उपयोगी सिद्ध हुई और इन जैसी अनेक तकनीकों को अमल में लाने के कारण मैं 9 डिग्री/ सर्टिफिकेट प्राप्त कर पाया। आपको भी इनमें से जो तकनीके अच्छी लगे उन्हें अपनाएं और बाकी को छोड़ दें। वैसे मुझे आशा है कि इन तकनीकों से आपको भी वही लाभ होगा जो मुझे मिला था और आप भी तेजी से सफल हो सकेंगे।

स्ट्रेस मैनेजमेंट से जुड़ी अमल योग्य उपयोगी बातें :

- आप भी कुछ समय निकालकर विचार करें कि आप परीक्षा के दिन ऐसा क्या कर सकते हैं जिससे कि आपका मस्तिष्क शांत/ ठंडा रहे और परीक्षा के दौरान बेहतर सोच सकें और आप तेजी से सफलता प्राप्त कर सकें।
- परीक्षा के लिए जबरदस्त तैयारी करें क्योंकि तैयारी से आत्मविश्वास बढ़ता है। पर यदि आपने पहले बिलकुल भी तैयारी नहीं की है और आप सिर्फ परीक्षा के दिन तैयारी करते हैं, तब आपका आत्मविश्वास बढ़ने के बजाए घट जाता है और दुविधा भी बढ़ती है।

❖

अध्याय 59

स्ट्रेस मैनेजमेंट और पति-पत्नी

"सुखी दम्पत्ति भविष्य की ओर देखते हैं अतीत की ओर नहीं"

-डेल पैट्रिज

वैवाहिक जीवन में प्रवेश करना एक व्यक्ति के जीवन में बहुत ही निर्णायक पल होता है। किसी महान व्यक्ति ने कहा है इस संसार में शादी से बड़ा जुआ कुछ और नहीं है यदि शादी सफल है तो आपका जीवन स्वर्ग बन जाएगा और यदि शादी असफल है तो आपके जीवन को नर्क बनने से कोई नहीं रोक सकता।

इन शब्दों से आप समझ ही गए होंगे कि व्यक्ति के जीवन में शादी कितनी निर्णायक भूमिका निभा सकती है और चाहे तो ये आपके जीवन को खुशियों से भर सकती है या फिर दुख का बाढ़ ला सकती है।

इस अध्याय में मैं आपके साथ कुछ सुझाव साझा करना चाहूंगा जो आपको एक बेहतर वैवाहिक जीवन में सहायता कर सकते हैं :

1. **बराबर सोच का बंधन :** विवाह करते समय अपने साथी का चुनाव करते समय यह देख लेना बेहतर होगा कि आपके साथी के सोचने का स्तर आपके स्तर के बराबर का हो, क्योंकि रंग-रूप बाद में समय के साथ ढल जाएंगे पर यदि सोच और नीयत अच्छी होगी तो आप लंबे समय तक वैवाहिक जीवन का आनंद ले पाएंगे।

2. **पैसे के लिए शादी कभी न करें :** बॉलीवुड फिल्मों में आप अक्सर देखते होंगे को बहुत सारे लोग सफलता के शॉर्टकट की तलाश में रहते हैं और उसमें सबसे प्रमुख है किसी धनवान व्यक्ति को प्यार के जाल में फंसाना और शादी करना, पर ऐसी गलती ना करें, पैसा जीवन में बहुत आवश्यक है पर अगर आपके पास सिर्फ पैसा हो और मानसिक शांति ना हो तो ऐसे पैसे का कोई लाभ नहीं है और दूसरी बात यह कि ऐसा करने वाले लोगों की इस संसार में कोई सम्मान नहीं होता। और जहां तक मेरी राय है अगर आप मुझसे पूछें कि संसार का सबसे बड़ा अपराध क्या है तो मेरा सीधा सा जवाब होगा "पैसे के लिए शादी करना" इससे न सिर्फ आप किसी के विश्वास का खून करते हैं बल्कि एक पूरे परिवार को भी बर्बाद कर देते हैं।

3. **आपके ईगो से ज्यादा महत्त्वपूर्ण है आपके बच्चे :** आपके बच्चे का जन्म उनकी इच्छा से नहीं बल्कि आपकी इच्छा से हुआ, आपने उन्हें जीवन दिया इसलिए आपकी यह जिम्मेदारी बनती है कि आप उन्हें एक अच्छा बचपन दें और एक अच्छा इंसान बनाएं, अपने जीवनसाथी के साथ व्यक्तिगत मनमुटाव को दरकिनार करें।

4. **उतने ही बच्चे अच्छे, जिन्हें आप बेहतर जीवन दे सकें :** जैसा मैंने पहले कहा कि बच्चे अपनी इच्छा से नहीं बल्कि आपकी इच्छा से आते हैं इसलिए बेहतर ये होगा कि आप पहले से ही यह योजना बना लें की आप कितने बच्चों को बेहतर जीवन दे सकते हैं अच्छा आहार, अच्छी शिक्षा जैसी बेसिक जरूरतें के साथ-साथ अपना बहुमूल्य समय और ध्यान भी देना होगा।

6. **बहस और आलोचना बंद कमरे में :** वैवाहिक जीवन में निश्चित रूप से थोड़ी बहुत कहा-सुनी और आलोचनाएं तो होती है पर ये चीजें पति-पत्नी के बीच बंद कमरे में हो तो ज्यादा अच्छी हैं। जब ये चीजें उस बंद कमरे से बाहर निकल आती है तो रिश्ते की विश्वसनीयता खत्म होने लगती है और दूसरे लोग आपका इस्तेमाल अपने फायदे के लिए करते हैं।

तो ये थे वैवाहिक जीवन को चिंतामुक्त रखने के कुछ सुझाव, इन्हें अमल में लाइए और बेहतर जीवन का आनंद लीजिए।

स्ट्रेस मैनेजमेंट से जुड़ी हुई अमल योग्य उपयोगी बातें :

- **घर के बाहर भी सम्मान दें :** जब भी आप घर से बाहर निकलें अपने पति/पत्नी को विशेष सम्मान दें, उन्हें सम्मानजनक तरीके से सम्बोधित करें, किसी भी तरह के मजाक या चुटकुले का इस्तेमाल ना करें।
- **नियमित बचत की योजना बनाएँ :** पैसे सिर्फ खर्च करने के लिए ना कमाएँ बल्कि अचानक आवश्यकता पड़ने के लिए भी कुछ बचा के रखें साथ ही साथ बच्चों के उज्ज्वल भविष्य के लिए भी नियमित धन का निवेश करें।

❖

अध्याय 60

स्ट्रेस मैनेजमेंट और टेक्नोलॉजी

"टेक्नोलॉजी अकेले ही पर्याप्त नहीं है।"

-स्टीव जाब्स

वर्तमान युग टेक्नोलॉजी का युग है और हमारे इस संसार में लगभग सभी काम टेक्नोलॉजी से ही हो रहें हैं इसलिए हम चाहें या ना चाहें हमें टेक्नोलॉजी में पारंगत होना ही पड़ेगा। जिन कामों को होने में कई दिन से कई हफ्ते का समय लग जाया करता था, इंटरनेट के माध्यम से वे काम अब लगभग तुरंत हो जाते हैं। ऐसे ही पहले व्यापारियों को पैसे के लेनदेन के लिए अपने साथ पैसे ले जाने पड़ते थे जो बहुत ही असुविधाजनक होता था पर टेक्नोलॉजी की मदद से अब आप पलक झपकते ही पैसे का ऑनलाइन लेन-देन कर सकते हैं और पैसे को अपने पास रखने के सिर दर्द से बच सकते हैं। टेक्नोलॉजी के बहुत सारे फायदे हैं तो नुकसान भी है, और आइए चर्चा करते हैं कि टेक्नोलॉजी के ऐसे पहलू पर जो हमें चिंता में डालते हैं :

1. **टेक्नोलॉजिकल उपकरण जैसे मोबाइल, मोडेम इत्यादि से हानिकारक किरणें निकलती हैं इसलिए उन्हें छोटे बच्चों से दूर रखें:** वैसे तो इन किरणों का असर सभी पर पड़ता है लेकिन क्योंकि हमारा काम इनके बिना चल नहीं सकता इसलिए इन्हें रखना हमारी मजबूरी है पर छोटे बच्चों से इन्हें दूर रखें। जब हमारे घर में एक बच्चे का जन्म हुआ तो हम लोगों ने वाई-फाई मोडेम को हटा दिया और जब बच्चा कुछ साल का हो गया तभी हमने उसे दोबारा लगवाया।
2. **अपने यूजर नेम और पासवर्ड को किसी डायरी में नोट कर लें और किसी के साथ भी साझा ना करें :** क्योंकि जैसा मैंने बताया यह ऑनलाइन का युग है इसलिए हमें अपने ईमेल के, अनेकों वेबसाइट के, बैंक से जुड़े हुए जैसे अनेको यूजर नेम और पासवर्ड याद रखने पड़ते हैं पर हमारे दिमाग की भी एक सीमा है और कई बार तो दिमाग से चीजें ऐसे अविश्वसनीय रूप से गायब हो जाती हैं कि हमें विश्वास ही नहीं होता और जब ऐसा होता है तो हम चिंतित हो जाते हैं। जब हम खाता बनाते हैं तो हमें लगता है कि यह हमें याद रहेगा पर कुछ हफ्ते या महीने बाद हम भूल जाते हैं इसलिए बेहतर है कि हम इसे किसी डायरी में नोट कर लें।
3. **अपने क्रेडिट कार्ड का विवरण भी किसी के साथ साझा नहीं करें :** क्रेडिट कार्ड आपको खरीदारी करने में कई सुविधाएँ प्रदान करता है पर आजकल इतनी सारी फर्जी कंपनिया हमारे क्रेडिट कार्ड से पैसा चुराने की ताक में रहती है इसलिए बेहतर है कि अपने क्रेडिट कार्ड का विवरण सिर्फ लेन-देन करते समय और विश्वसनीय कम्पनियों के साथ जाँच पड़ताल करने पर ही साझा करें और जहां भी संदेह हो अपने कदम पीछे कर लें और बिलकुल भी साझा ना करें।
4. **फर्जी फोन काल से सावधान रहें :** आजकल ऐसे बहुत सारे फर्जी फोन काल आते हैं जो कभी लौटरी के नाम पर तो कभी बैंक के नाम पर आपको ठगने की फिराक में लगे रहते हैं इसलिए कभी भी इन छोटे लालच के प्रलोभन में ना फँसे और अपनी जानकारी को साझा ना करें अन्यथा एक मिनट के भीतर ही आपकी सारी मेहनत की कमाई ये लोग हड़प ले जाएँगे।

5. **टेक्नोलॉजी के सामानो की कीमत घटती रहती है इसलिए बहुत खर्चीले टेक्नोलॉजिकल उत्पाद ना खरीदें** : उदाहरण के तौर पर आप एक 25000 का एक मोबाइल खरीदते हैं और मात्र 5 से 6 महीने बाद आप देखते हैं कि उसकी मोबाइल की कीमत 20000 के आस-पास हो गयी है। मैं यह नहीं कह रहा कि आप इस तरह की खरीदारी बिलकुल ना करें पर मेरा बस एक छोटा सा सुझाव है कि बहुत महँगे उदाहरण के तौर पर 70,000-80,000 के मोबाइल को अगर खरीदना ही है तो उन्हें तब खरीदे जब उनकी कीमतें घट जाएँ जैसे दीपावली सेल में उनकी कीमतों में जबरदस्त छूट देखने को मिलती है और आप उस बचे हुए पैसे का इस्तेमाल कहीं और निवेश कर सकते हैं।

स्ट्रेस मैनेजमेंट से जुड़ी हुई अमल योग्य उपयोगी बातें :

- एक डायरी का प्रबंध करिए जिसमें आप अपने सभी यूजर नेम और पासवर्ड नोट कर सकें और अब से उस पर अपने सभी यूजर नेम और पासवर्ड लिख लिया करें।
- फर्जी कालों से सावधान हो जाएँ और उनसे बात करने से बचें। जैसे ही आपको समझ में आए की यह फर्जी काल है उसे तुरंत काट दें और ब्लॉक कर दें।

❖❖❖

सारांश

कल्पना करिए की आपकी पीठ पर यदि 100 किलो की बोरी लाद दी जाए तो क्या आप सही से चल पाएँगे? चिंता हमारे जीवन में हमारे पीठ पर लदी 100 किलो की बोरी की ही तरह है जिसकी वजह से हम अपना जीवन सामान्य रूप से नहीं जी पाते और बहुत सारी समस्याओं से घिर जाते हैं। पर खुशखबरी यह है कि हम अपने जीवन की लगभग 90 प्रतिशत चिंताओं का समाधान कर सकते हैं और अपने जीवन को शानदार और यादगार बना सकते हैं और यह राजलनीति स्ट्रेस मैनेजमेंट में बताए गए सिद्धांतों को अमल में लाने से सम्भव होगा।

मेरा पुस्तक लिखने का उद्देश्य बस यही था कि यह आपकी चिंता को न्यूनतम और खुशियों को अधिकतम कर सकें। मैंने इन कारगर सिद्धांतों को अपने जीवन में अमल में लाने के बाद ही आपके साथ साझा किया है इन सिद्धांतों से मेरे जीवन में चमत्कारिक सुधार हुए और मेरा जीवन खुशियों और सफलताओं से भर गया और मुझे पूरी आशा है कि यही लाभ आपको भी राजलनीति स्ट्रेस मैनेजमेंट से मिलेगा और अगर ऐसा होता है तो मुझे लगेगा कि मेरा यह पुस्तक रूपी प्रयास सफल रहा।

आपको यह पुस्तक कैसी लगी मुझे जरूर बताएं।

राजलनीति स्ट्रेस मैनेजमेंट को पढ़ने और अपना प्यार और विश्वास मुझ पर सदैव बनाए रखने के लिए आपका हृदय की गहराइयों से आभार,

ईश्वर से मैं आपके उज्ज्वल भविष्य की कामना करता हूँ,

स्व० राधेश्याम गुप्त जी का पौत्र

"राजल"

E-mail : rajalneeti@gmail.com

Website : www.rajalneeti.com

Youtube : www.youtube.com/rajalneeti

Instagram : www.instagram.com/rajalneeti

Facebook : www.facebook.com/therajal

Twitter : www.twitter.com/therajal

आभार

- हमारे बाउजी (दादाजी) स्वर्गीय राधेश्याम गुप्त जी हमारे आदर्श, हमारे प्रेरणास्त्रोत, आज हम जो भी है सिर्फ उन्हीं की वजह से
- स्वर्गीय डॉ. कीर्ति बाला (बुआ जी)
- आभार हमारे पूरे परिवार को, आप मेरी ताकत है
- ह्रदय से आभार हमारी अम्मा जी (दादी जी) श्रीमती कामिनी देवी गुप्ता जी का जिनका आर्शीवाद और मार्गदर्शन हमारे परिवार पर सदैव बना हुआ है
- ह्रदय से आभार चित्रों के लिए गूगल, याहू और अन्य सर्च इंजन का

ह्रदय की गहराइयों से आभार

- पाठकों का आपके प्यार और विश्वास ने राजलनीति टाइम मैनेजमेंट को बेस्ट सेलर बनाया और राजलनीति स्ट्रेस मैनेजमेंट लिखने की ऊर्जा मिली
- डायमंड ग्रुप के चेयरमैन आदरणीय श्री नरेंद्र वर्मा जी का - आपसे मुझे सदैव बेहतर प्रयास करने की प्रेरणा मिलती है

माननीय मुख्यमंत्री श्री योगी आदित्यनाथ जी राजलनीति टाइम मैनेजमेंट का विमोचन करते हुए

तत्कालीन माननीय राज्यपाल श्री राम नाइक जी राजलनीति शृंखला की एक अन्य पुस्तक का विमोचन करते हुए

तत्कालीन माननीय केंद्रीय वित्त राज्य मंत्री श्री शिव प्रताप शुक्ला जी राजलनीति टाइम मैनेजमेंट ऑडीओ संस्करण का विमोचन करते हुए

फिल्म अभिनेता और माननीय सांसद श्री रवि किशन जी राजलनीति टाइम मैनेजमेंट विडीओ संस्करण का विमोचन करते हुए

हिंदुस्तान टाइम्स लखनऊ में प्रकाशित

From school dropout to bestseller author, Gkp man redeems self

GORAKHPUR: The wonders that timely and proper mentoring can do is oft repeated and well documented, and the story Rajal Gupta is just another chapter in that book.

Then just 9, Rajal Gupta, under severe stress, failed Class 6 and then decided to altogether discontinue studies in Class 9, following continuous humiliation by school teachers. The teachers even told his parents that the boy was so weak that there were hardly any chances of him clearing Board exams.

"'You are good-for-nothing. It is best that you leave and sit at your father's watch shop,' these teachers said. Some even used to make me stand on the last bench from the first period to the last, as other students mocked me. Such remarks and repeated humiliation finally pushed me into depression and I thought I really was good-for-nothing," Gupta recalled. "At home, I didn't tell anyone the actual reason why I was not going to school but confided in my Dadaji," he said.

His grandfather, Radhey Shyam Gupta, stood by him, counselled and mentored the boy. The healing touch not only helped him come out of depression but also transformed his personality from a shy, introvert boy to a confident, outspoken student. After a lay-off from studies for a year, he rejoined classes, cleared his Board exams, and went on to collect four professional degrees including those in journalism, LLB, PGDBA, and certificates like B Level, among others, shutting up critics.

Recently, Gupta, now 34, has got a big reason to smile. A 160-page book which he wrote on time management, 'Rajal Niti: Time Management', has been listed among the bestsellers by publisher Diamond Publications, as it is witnessing a huge demand on online sites like Amazon and Flipkart. The book is available in nine languages including English, Hindi, Malayalam, Odia, Bengali and Gujarati, and so far, has sold over 25,000 copies.

Rajal Gupta

> The publisher told me that the book is being demanded by students, so they asked me to add a separate chapter on time management for students
>
> **RAJAL GUPTA,** Author

The earlier edition of the book, consisting of 76 pages, was released by chief minister Yogi Adityanath in 2017. Gupta had also received a congratulatory message from the secretary of vice-president M Venkaiah Naidu in 2017 for the book.

The latest edition of the book has an added chapter titled 'Time management for students'. "The publisher told me that the book is being demanded by students, so they asked me to add a separate chapter on time management for students," Gupta said.

In the wake of a surge of complaints about stress, especially in this time of the pandemic, Gupta is currently working on his second book on stress management for different sections of society, including students, traders, professionals and hopes that it will be completed soon.

Abdul Jadid

मीडिया कवरेज

युवा राजल की लिखी किताबें न सिर्फ भारत में बल्कि पूरे विश्व में युवाओं का कर रहीं हैं मार्गदर्शन

دنیا کو بہترین راہ دکھائی ہوئی نوجوان مصنف راجل کی کتابیں نوجوانوں کی کر رہیں رہنمائی

मीडिया कवरेज

सराहा जा रहा राजलनीति का टाइम मैनेजमेंट

राजलनीति -2 : पुस्तक का विमोचन करते मुख्यमंत्री योगी आदित्यनाथ

गोरखपुर : टाइम मैनेजमेंट को लेकर युवा लेखक राजल गुप्ता द्वारा लिखी गई राजलनीतिः 2 पुस्तक लोगों में खूब सराही जा रही है। इस किताब से आमजन को ऐसे सिद्धांतों की जानकारी मिल रही है, जिससे कोई भी व्यक्ति अपने समय का बेहतर प्रबंधन करके कम समय से आगे बढ़ सकता है। इस पुस्तक का लोकार्पण दो दिन पूर्व गोरखनाथ मंदिर में मुख्यमंत्री योगी आदित्यनाथ द्वारा किया गया।

लेखक राजल ने बताया कि इससे पूर्व के संस्करण राजलनीति-1 का लोकार्पण भी पिछले वर्ष योगी आदित्यनाथ द्वारा ही किया गया था। उन्होंने बताया कि राजलनीति-1 के पहले अध्याय 'बच्चे मुश्किल में हों तो मां ही काम आती है' को इंटरनेट पर पांच लाख से ज्यादा लोगों ने पढ़ा और सराहा है।

"दैनिक जागरण"
गोरखपुर
23/10/2017

सीएम ने किया राजल नीति-2 का विमोचन

GORAKHPUR (21 Oct): राजल नीति-2 टाइम मैनेजमेंट पुस्तक का विमोचन सीएम योगी आदित्यनाथ ने गोरखनाथ मंदिर परिसर में किया. उन्होंने इस पुस्तक की सफलता के लिए लेखक राजल को शुभकामनाएं दी. राजल नीति के पूर्व संस्करण का लोकार्पण भी उन्होंने ही किया था. इस पुस्तक के पहले अध्याय 'बच्चे मुश्किल में हों तो मां ही काम आती है' को इंटरनेट पर पांच लाख से ज्यादा लोगों ने पढ़ा और सराहा था. राजल नीति-2 के लेखक राजल ने कहा कि वे खुद भी एक युवा हैं इसलिए आज के युवाओं की अपेक्षाएं, उनकी समस्याओं से भलीभांति परिचित हैं. उन्होंने कहा कि हमारे देश के युवा अपने कीमती समय का इस्तेमाल अपने जीवन के लक्ष्य की प्राप्ति के लिए करें ताकि देश उन्नति की ओर अग्रसर हो. इस अवसर पर कामिनी, राजेश, पूनम, नीतू, साक्षी, विजयलक्ष्मी, नीरज वर्मा, धीरज वर्मा आदि लोग मौजूद रहे.

"दैनिक जागरण I-Next"
गोरखपुर
22/10/2017

सीएम ने राजलनीति 2 का किया विमोचन

गोरखपुर। मुख्यमंत्री योगी आदित्यनाथ ने युवा लेखक राजल को 'राजलनीति 2 टाइम मैनेजमेंट' का विमोचन किया। गोरखनाथ मंदिर में पुस्तक का विमोचन करते हुए उन्होंने राजल को आशीर्वाद प्रदान करते हुए शुभकामनाएं भी दी।

राजल ने कहा कि शीघ्र ही वे एक नई पुस्तक दी राजलनीति सीरीज टाइम मैनेजमेंट प्रकाशन के लिए तैयार है। उन्होंने कहा कि इस पुस्तकों से कोई भी व्यक्ति अपने समय का बेहतर प्रबंधन कर कम समय में ही स्वयं को आगे बढ़ा सकता है। इस अवसर पर शैवाल श्रीवास्तव, कामनी, राजेश, पूनम, नीतू, साक्षी, विजयलक्ष्मी, नीरज वर्मा, धीरज वर्मा उपस्थित रहे।

"हिंदुस्तान",
गोरखपुर 19/10/2017

मीडिया कवरेज

मुख्यमंत्री ने किया राजल नीति-2 का विमोचन

गोरखपुर (एसएनबी)। राजलनीति2 टाइम मैनेजमेंट पुस्तक का विमोचन मुख्यमंत्री योगी आदित्यनाथ ने गोरखनाथ मंदिर प्रांगण में किया। उन्होंने इस पुस्तक की सफलता के लिए लेखक राजल को शुभकामनाएं भी दी। राजलनीति के पूर्व संस्करण का लोकार्पण भी योगी आदित्यनाथ द्वारा हुआ था। इस पुस्तक के पहले अध्याय 'बच्चे मुश्किल में हों तो माँ ही काम आती है' को इंटरनेट पर पांच लाख से ज्यादा लोगों ने पढ़ा और सराहा था। राजलनीति के दूसरे संस्करण को अपने नाना स्व. पुरुषोत्तम

गुप्त व नानी स्व. सुषमा गुप्ता को समर्पित करते हुए राजल ने कहा की आज वो जो भी हैं अपने दादाजी स्व. राधेश्याम गुप्त की प्रेरणा से हैं। राजलनीति2 ऐसे सिद्धांत बताती है जिन पर चलकर व्यक्ति अपने समय का बेहतर प्रबंधन करके कम समय में ही काफी आगे बढ़ सकता है इस अवसर पर शैवाल श्रीवास्तव, कामिनी, राजेश, पूनम, नीतू, साक्षी, विजयलक्ष्मी, नीरज वर्मा, धीरज वर्मा आदि मौजूद रहे।

"राष्ट्रीय सहारा"
गोरखपुर 19/10/2017

मुख्यमंत्री ने किया राजलनीति -२ का लोकार्पण

गोरखपुर, १८ अक्तूबर। राजलनीति २ टाइम मैनेजमेंट पुस्तक का लोकार्पण उत्तर प्रदेश मुख्यमंत्री योगी आदित्यनाथ ने किया साथ ही साथ उन्होंने इस पुस्तक की सफलता के लिए इसके लेखक राजल को आशीर्वाद स्वरूप शुभकामनाएं भी दी। राजलनीति के पूर्व संस्करण का लोकार्पण भी योगी आदित्यनाथ ने १९ अक्टूबर २०१६ को किया था इस पुस्तक के पहले अध्याय बच्चे मुश्किल में हों तो माँ ही काम आती है को इंटरनेट पर पांच लाख से ज्यादा लोगों ने पढ़ा और सराहा था। राजलनीति के दूसरे संस्करण को अपने नाना स्व. पुरुषोत्तम गुप्त व नानी स्व. सुषमा गुप्ता को समर्पित करते हुए कहा कि आज वो जो भी हैं अपने दादा स्व. राधेश्याम गुप्त की प्रेरणा से है। जहां तक इस पुस्तक का विषय है मैं खुद भी एक युवा हूं और इसलिए आज के युवाओं की अपेक्षाएं उनकी समस्याओं से भली भांति परिचित हूं। मैं अपने राजलनीति सीरीज पुस्तकों की

श्रृंखला में अपनी नई पुस्तक दी राजलनीति सीरीज टाइम मैनेजमेंट- प्रकाशित कर रहा हूं। राजलीनति २ ऐसे सिद्धांत बताती है जिनपर चलकर व्यक्ति अपने समय का बेहतर प्रबंधन करके कम समय में ही काफी आगे बढ़ सकता है इन सिद्धांतों के इस्तेमाल के ही कारण इस पुस्तक के लेखक ने ९ डिग्री सर्टिफिकेट अर्जित किये जिनमें एलएलबी पत्रकारिता की लेवल एमसी पीजीडीबीए (एमबीए) जैसी चार प्रोफेशनल डिग्री भी शामिल है। पुस्तक को भारत सरकार द्वारा कापीराइट भी प्राप्त है। और यह जल्द ही अमेजन जैसे आनलाइन वेबसाइट पर उपलब्ध होगी। इस अवसर पर शैवाल श्रीवास्तव, कामनी, राजेश पूनम, नीतू, साक्षी, विजयलक्ष्मी, नीरज वर्मा आदि उपस्थित थे।

"आज" गोरखपुर,19/10/2017

सीएम ने किया राजलनीति-2 का विमोचन

गोरखपुर। टाइम मैनेजमेंट संबंधित पुस्तक राजलनीति-2 का विमोचन सीएम योगी आदित्यनाथ ने किया। उन्होंने इस पुस्तक की सफलता के लिए लेखक राजल को आशीर्वाद दिया।

राजलनीति के पूर्व संस्करण का विमोचन भी महंत योगी आदियनाथ ने 19 अक्टूबर 2016 को किया था। इस पुस्तक के पहले अध्याय बच्चे मुश्किल में हों तो मां ही काम आती है को इंटरनेट पर पांच लाख से ज्यादा लोगों द्वारा पढ़ा और सराहा गया है। राजल ने इस पुस्तक को अपने नाना स्व. पुरुषोत्तम गुप्त व नानी स्व. सुषमा गुप्ता को समर्पित किया है। कहा कि आज वो जो भी हैं अपने दादा स्व. राधेश्याम गुप्त की प्रेरणा से हैं। जहां तक इस पुस्तक का विषय है मैं खुद भी एक युवा हूं और इसलिए आज के युवाओं की अपेक्षाएं, उनकी समस्याओं से भली भांति परिचित हूं। हमारे देश के युवा अपने कीमती समय का इस्तेमाल अपने जीवन के लक्ष्य की प्राप्ति के लिए करें और हमारा देश उन्नति की ओर अग्रसर हो। इस अवसर पर शैवाल श्रीवास्तव, कामनी, राजेश, पूनम, नीतू, साक्षी, विजयलक्ष्मी, नीरज वर्मा, धीरज वर्मा आदि उपस्थित थे।

"तूफान : शान ए पूर्वान्चल",गोरखपुर
22/10/2017

GFR Gorakhpur News
18 Oct at 16:15

पुस्तक को भारत सरकार द्वारा कॉपीराइट भी प्राप्त है। यह पुस्तक अमेज़न जैसी ऑनलाइन वेबसाइट पर भी उपलब्ध होगी।
https://www.facebook.com/GorakhpurLive/
http://gorakhpur.finalreport.in/

सीएम योगी ने किया राजलनीति 2 का लोकार्पण
गोरखपुर: मुख्यमंत्री योगी आदित्यनाथ ने बुद्धवार को राजलनीति 2...
gorakhpur.finalreport.in

गोरखपुर न्यूज़ फ़ाइनल रिपोर्ट

गोरखपुर में मुख्यमंत्री योगी आदित्यनाथ ने किया राजनीति 2 का लोकार्पण
gorakhpurtimes.com

Gorakhpur Times
October 18 at 3:44pm

गोरखपुर में मुख्यमंत्री योगी आदित्यनाथ ने किया राजलनीति 2 का लोकार्पण

गोरखपुर टाइम्स . कॉम

"गोरखपुर : CM योगी आदित्यनाथ ने किया 'राजलनीति 2' का विमोचन" Eenadu India Hindi -

गोरखपुर : CM योगी आदित्यनाथ ने किया 'राजलनीति 2' का विमोचन
hindi.eenaduindia.com

ईनाडु इंडिया . कॉम

मुख्यमंत्री ने किया राजलनीति 2 का लोकार्पण
गोरखपुर : राजलनीति 2 टाइम मैनेजमेंट पुस्तक का लोकार्पण...
newsliveindia.com

न्यूज़ लाइव इंडिया . कॉम

''भारत के माननीय उपराष्ट्रपति श्री वेंकैया नायडू जी ने राजलनीति टाइम मैनेजमेंट पुस्तक को अपनी शुभकामनाएं दी''

उपराष्ट्रपति ने राजलनीति किताब के लिए दी बधाई

गोरखपुर। देश के उपराष्ट्रपति वैंकेया नायडू ने शहर के युवा लेखक राजल गुप्त की किताब 'राजलनीति' के लिए उन्हें शुभकामना दी है। मंगलवार को राजल ने बताया कि उपराष्ट्रपति के निजी सचिव एन युवराज ने पत्र भेजकर किताब मिलने की पुष्टि की है। साथ ही शुभकामना संदेश भी दिया है।

''हिन्दुस्तान''. गोरखपर

उप राष्ट्रपति ने दी 'राजलनीति-2' के लिए शुभकामना

गोरखपुर (एसएनबी)। भारत के उप राष्ट्रपति वेंकैया नायडू ने युवा लेखक राजल को उनकी पुस्तक 'राजलनीति-2' के लिए शुभकामनाएं दी हैं। इस पुस्तक का विषय समय प्रबंधन है। राजल को उप राष्ट्रपति ने एक पत्र के माध्यम से अपनी शुभकामनाएं दी। राजलनीति-2 का विमोचन इसी वर्ष उत्तर प्रदेश के मुख्यमंत्री महंत योगी आदित्यनाथ ने किया था। वर्ष 2006 में महंत योगी आदित्यनाथ ने ही राजलनीति के प्रथम संस्करण का भी विमोचन किया था। राजलनीति-2 ऐसे सिद्धांत बताती है जिन पर चलकर व्यक्ति अपने समय का बेहतर प्रबंधन करके कम समय में ही काफी आगे बढ़ सकता है। लेखक राजल ने बताया कि पुस्तकों की लोकप्रियता का देखते हुए राजलनीति तथा राजलनीति-2 का अंग्रेजी संस्करण भी जल्द ही उपलब्ध होगा।

''राष्ट्रीय सहारा'', गोरखपुर

www.ingramcontent.com/pod-product-compliance
Lightning Source LLC
LaVergne TN
LVHW060615051026
849519LV00002B/611